体育五千年

丰富多彩的体育风尚

赵 鑫 黄 岩 杨春辉 / 编著

吉林人民出版社

图书在版编目(CIP)数据

丰富多彩的体育风尚 / 赵鑫, 黄岩, 杨春辉编著. -- 长春：吉林人民出版社, 2012.7
（体育五千年）
ISBN 978-7-206-09186-5

Ⅰ. ①丰… Ⅱ. ①赵… ②黄… ③杨… Ⅲ. ①项目(体育) – 世界 – 通俗读物 Ⅳ. ①G808.22-49

中国版本图书馆CIP数据核字(2012)第161392号

丰富多彩的体育风尚
FENGFUDUOCAI DE TIYU FENGSHANG

编　　著：赵　鑫　黄　岩　杨春辉	
责任编辑：李沫薇	封面设计：七　洱

吉林人民出版社出版 发行（长春市人民大街7548号 邮政编码:130022）
印　　刷：永清县晔盛亚胶印有限公司

开　　本：670mm×950mm	1/16
印　张：13	字　数：150千字

标准书号：ISBN 978-7-206-09186-5

版　　次：2012年7月第1版	印　次：2023年6月第3次印刷

定　　价：45.00元

如发现印装质量问题，影响阅读，请与出版社联系调换。

目录
CONTENTS

造父学御与"王者竞技" …………………………… 001

"戎右"荐贤 …………………………… 003

百丈游丝放纸鸢 …………………………… 007

"短命的拔河"命不短 …………………………… 011

"半仙之戏"荡秋千 …………………………… 013

"飞去来器"的门道 …………………………… 015

《掷铁饼者》的沉思 …………………………… 017

不老的"铁饼之神" …………………………… 020

身轻如燕的技巧运动 …………………………… 022

投石·击壤·投壶 …………………………… 024

翘关·杠鼎·举石 …………………………… 027

赛象、赛牛和赛骆驼 …………………………… 029

活马·木马·鞍马 …………………………… 032

红裙艳阳舞斗牛 …………………………… 035

跨越·俯卧·背越 …………………………… 039

石块·秤砣·炮弹·铅球 …………………………… 041

跳沟·爬竿·撑竿跳高 …………………………… 043

小桥牌大门道 …………………………… 046

水上芭蕾话春秋 …………………………… 048

空中芭蕾展风采 …………………………… 050

揭秘高原大赛 …………………………… 052

滑翔青春 …………………………… 055

从"小网子"到"空中飞球" …………………………… 057

沙滩与草地的排球对话 …………………………… 059

001

目录

CONTENTS

冰场上的"白天鹅"——索佳 …………………… 062
冰舞双飞话彩蝶 …………………………………… 065
冰上运动之家 ……………………………………… 069
与雪融合的花样滑行 ……………………………… 071
从"缚骨而行"到滑冰竞技 ………………………… 073
自行车运动的发明者 ……………………………… 076
自行车大赛始末 …………………………………… 078
火爆赛车场 ………………………………………… 081
速度与激情并行的赛车运动 ……………………… 083
怎一个"F1"赛车了得 ……………………………… 086
越野摩托的绝活 …………………………………… 090
德国体操风靡世界 ………………………………… 093
艺术体操尽显旋律美 ……………………………… 095
体操歌 ……………………………………………… 098
果敢刚毅的鹰派体操 ……………………………… 100
体操赛场上的"发明家" …………………………… 102
魅力四射的体育舞蹈 ……………………………… 104
当华尔兹碰撞探戈 ………………………………… 106
"上帝的运动" ……………………………………… 109
体操器械的"家世" ………………………………… 113
坐等长跑新郎的新娘 ……………………………… 115
马拉松的故事 ……………………………………… 117
跑向太阳 …………………………………………… 119
在赤道奔跑的人们 ………………………………… 121

目录 CONTENTS

从"跳羊圈"想到的 …………………………………… 124

你所不知的"分手起跑" …………………………… 126

真正的"消耗战" ………………………………………… 128

长跑与求生两不误 ………………………………………… 130

弄潮儿 …………………………………………………………… 132

教会中的"灰姑娘" ………………………………………… 135

云想衣裳花想容 …………………………………………… 137

她从宫中姗姗走来 ………………………………………… 141

来自东方的花朵——"美人踢球" …………………… 143

备受青睐的"女孩球" ……………………………………… 146

花木兰与贞德 ………………………………………………… 148

谁是健美创始人？ ………………………………………… 151

女性健美开山鼻祖 ………………………………………… 155

"健美"造就出色女人 ……………………………………… 157

自豪吧，女性 ………………………………………………… 160

鉴湖女侠 ……………………………………………………… 163

只因她是犹太人 …………………………………………… 165

突破女性"禁区" …………………………………………… 168

征服了世界八座高峰的"女神" ………………………… 170

美与选美 ……………………………………………………… 172

为何这里是妈妈们天下 ………………………………… 176

美哉，女子足球！ …………………………………………… 180

非洲女王只身万里行 ……………………………………… 182

敢于向死亡挑战的女飞人 ……………………………… 186

003

目录 CONTENTS

世界最伟大的女运动员 …………………………… 188
世界网坛"六仙女" ………………………………… 190
美女变狂汉缘何在 ………………………………… 193
巾帼不让须眉 ……………………………………… 196
乒坛女神 …………………………………………… 199

造父学御与"王者竞技"

在奴隶社会，射和御是有联系的，因为那时打仗用战车，在四马拉的战车上有三个甲士，中间的是驭手，左面是弓箭手，右面的是戈矛手。甲士多是由奴隶主担任，所以在奴隶主的教育中就规定，有礼、乐、射、御、书、数六艺。御和射都是属于体育，它是奴隶主必修的课程。

御即是驭车，它是一项复杂的技术，既要灵敏和机智，又要有相当大的臂腕力量和勇敢顽强的精神。也就是只有身体素质好并且技术熟练，才能六辔在手，指挥如意。据《穆太子传》记载，中国西周时驭车技术最高的是造父，他是周穆王的车夫，周穆王是一个喜欢游历的君王，他坐着一辆八匹马拉的车子，由造父驾驭，周游了天下名山大川。

造父能成为一个有名的驭手，是经过名师秦豆氏的指点，并经过勤学苦练而得来的。《列子》书上说：秦豆氏是一位有名的驾驭教练。造父不远千里来投秦豆氏门下学御，但秦豆氏并未教他如何驯马，如何赶车，却教他在梅花桩间穿来穿去。梅花桩原本是武术运动的一种训练器材，而秦豆氏用来进行基本功训练。梅花桩间仅可容一身，稍有不慎就碰得鼻青脸肿，造父坚持按师父的指点去做，经过一段勤学苦练，造父可以在梅花桩间自由往来了。秦豆氏看了造父的进步十分高兴。他告诉造父说，赶车子就是要心手合一，眼睛不看马却能知马奔驰情形，手里握着六根辔头心里想到哪里，手中的辔头就按心里想的指挥，这叫得心应手。只有这样才能成为一个好驭手。

王子期是战国初年著名的驭手教师，赵襄王请他教驭车，学了一年，赵襄王自以为王子期的驭车本领都学会了，便选上好马和车同王子期比

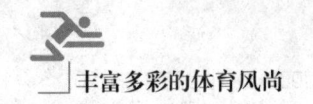

赛，结果是王子期赢了。赵襄王以为车夫套错了马，便和王子期换了车马再次比赛，结果还是王子期赢了。于是赵襄王勃然大怒，责备王子期不该把驭车技术留一手。王子期答道：驭车技术，臣已经毫无保留地教给君主了，只是在运用上君不如臣罢了。还说，车的速度是靠马来驾驭的，驭手要善于使尽其力，君主不照顾马力，一心按照自己的意志争先奔驰，所以失败了。

造父学御和赵襄王与王子期赛车的故事说明，在中国战国时期就有战车和战车比赛以及驭车的教练活动。同时随着驭车由战斗技能向体育娱乐的演变，驭车活动是十分兴盛的。特别是这种活动在贵族中极为盛行。

在战国时期，由于驾车运动在贵族中盛行，当此项娱乐活动发展到一定程度便产生了赌博，当时在齐国赛车赌博一次下千金赌注。

齐国的大将田忌经常输给齐王，后来用了孙膑的计谋即"以君之下驷与彼上驷，取君上驷与彼中驷，取君中驷与彼下驷"的优选学：田忌用下等马同齐王上等马比赛，输了；用上等马与齐王中等马比赛，赢了；用中等马与齐王下等马比赛，又赢了，结果以总分3：2，田忌获胜。

这说明当时在中国战国时期，不但驭车运动、驭车比赛以及驭车赌博十分盛行，而且在驭车的技术研究和战术研究上都有一定水平。

在世界其他国家，战车活动产生也是很早的。据记载公元前20世纪在中亚就出现驯马和战车。在古希腊的传说中，宙斯的儿子阿波罗具有精湛的驭车技术，他驾着四马太阳战车，所向无敌，特别是他还可驯服双狮驾车，坐着狮车为民除害。还有神话中的阿喀流斯，更是一个驭车能手，他在多次浴血战斗中，战车发挥了重大作用。这些传说都说明，在古希腊驭车活动亦十分普及。古希腊战车比赛规模宏大，设备豪华，场面惊险，颇受古希腊人民喜爱。

公元680年，第25届古奥运会上首次列入四马战车赛。公元428年，第88届古奥运会又增加了双马战车赛。与赛马一样，获冠军的是马和战车主人，而不是驭者。战车赛只能是王室及贵族参加，所以古奥运会称战车赛是"王者竞技"。

随着战车的军事价值的降低和骑马的方便，驭车在世界范围内逐步消失了。从中可以看出，体育运动的发展不但受经济发展制约，而且同军事的发展有密切关系。

"戎右"荐贤

春秋末年赵简子是晋国的中军元帅，他就是后来三家分晋的赵襄子的父亲。他的戎右少室周是一个善于徒手搏斗摔跤的能手。在古代，一辆战车上有三个甲士，中间的甲士是驾车驭手，左面的执弓箭，右面的执戈矛，远距离的敌人由弓箭手射击，近距离的敌人由长矛刺杀，而在元帅的战车上则只有旗鼓，由元帅号令指挥全军进退。元帅车上没有弓箭手，戎右就是选择武艺高强勇力超群的人担任。少室周担任了赵简子的戎右，自然心里十分高兴。

少室周担当戎右，这是赵简子亲自下令派大夫羊舌个请来的手搏教师。提起这事还要从赵简子那次围猎谈起。

山谷的四周，旌旗招展，人声鼎沸，刀剑雪亮，车马奔鸣。晋国中军元帅赵简子立在四马战车之上，手扶车前挡手，全身披挂、威风凛凛。他看到在山谷里有这么多行将就擒的猎物，脸上显露出微笑。

突然，一只猛虎，几只野猪，从山岩下窜出，向人群猛扑过来。几个没有受过擒拿技术训练的士卒，躲闪不及，一下子被咬伤了。旁边的人随之一惊，瞬间闪开一条通路，仿佛有种信息传递一样，一群小野兽一齐向这里拥来，企图通过这条通道逃生。

立在车上的赵简子气得脸色煞白，连声大骂："笨蛋，笨蛋！这样的

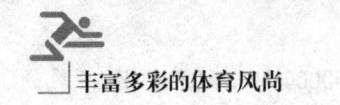

本领怎么能够作战。下令，战车追赶，拿出刀剑。谁要是再走脱了野兽，军法从事。"

在一间五张半席子的客帐里，赵简子不停地走来走去，愤怒的脚步要把草席踏穿。围猎的失败，使他的心情十分沉重。中军作战能力不强使他忧虑、烦恼。晋国斗争形势已十分清楚，智伯上军的力量日渐强大，韩氏魏氏的下军已依附在智伯卵翼之下，以赵氏的中军与两军抗衡，战争将是很艰苦的，若在矢尽刃绝的情况下徒手搏斗，将会出现什么局面呢？昨天的围猎证明他的军队搏斗技术不行。怎么办呢？

羊舌个一直跪在草席上，这时挺起身子说道："主帅明鉴，我们军中将领都不会徒手搏斗技术，又没有专门手搏的教师，士卒当然就不会搏斗技术了。为今之计，只有重金礼聘几个手搏教师，方能迅速提高士卒的搏斗技能。"

赵简子怒气慢慢消失下去，他记起了羊舌个曾几次向他建议过，要重视军中的搏斗技术。齐国的军队就提倡徒手作战能力，卞庄子可以一个人徒手捉到一只虎。鲁国的大夫孟献子只有几百个家兵，还有五个手搏教师。军队中要提高徒手作战能力，必须聘请几个手搏的高手做教师，他走到羊舌个面前，坐了下来说道："叔向，这事怪我，没有聘请几个好的手搏教师来教军队。你看现在怎么办好？"

羊舌个用手支撑起身体，把跪姿改成了盘腿而坐。"禀主帅，我马上派人到齐国去请手搏教师，最近一个时期训练就主要练徒手搏斗，正月里开展一次全军角力比赛。"

"好！"赵简子把手一挥说："就照你说的办。聘金可厚重一些。"

几辆四马战车风驰电掣般驶进了晋阳城门，晋阳城中的老百姓早就轰动了。"主公（赵简子）今天回到晋阳，带来齐国的勇士少室周做戎右。"人们互相传告，全城百姓扶老携幼到街上来，想看看赵简子车右的齐国勇士。

晋阳是赵简子的领地，是他据以和智伯抗衡的城堡。自从羊舌个派人用千金重聘请来了少室周之后，军队中搏斗技术迅速得以提高。前天在军中由少室周进行了一次搏斗表演，5个粗壮的汉子和少室周1人搏斗，一个个都被他打倒在地。军中士卒若都学会这套本领，就是赤手空拳也能战胜敌人。赵简子心中说不出的高兴。亲赐黄金百镒，加封为中军车右，今天同乘回晋阳城，实在也有夸耀的用意。

赵简子的四马战车，在全城夹道欢呼中缓缓前行。少室周就站在赵简子身旁，宽肩阔背，铁柱似的身躯，好一个超群出众的勇士。

"好样的，是个有本事的人。"

"老弟，哪天去跟他学两手，听说为人和气着呢！"

断断续续的议论，从人丛中吹进了赵简子的耳中，也吹进了少室周的耳中。"叔向的主意不错，少室周一来，中军和晋阳的搏斗技术都能提高起来了。"赵简子心里想。少室周也在盘算着："晋阳城和齐国一样，老百姓都喜欢练武。在这里再收几个高手徒弟吧。"正在这时左骖马跳动了一下，驭手忙抖马缰，辕马一偏，车子随之一晃，在车上的少室周立脚不稳，跟着摇动了一下，他马上定了心神，站稳了脚跟。车后传来两个小伙子的声音："这叫什么功夫？连站桩也站不稳，怕是芦花被套——徒有虚名吧！"

"比咱们牛叔差劲多了。牛叔打定站桩，10个人还推不动呢！"

少室周连忙回头，但没能看到说话的小伙子。像一块石头投入平静的湖水中，他的心突然一阵激荡："牛叔是什么人？一定要找找他，看他到底有何本事？"

两天后少室周见到了被称作"牛叔"的人。他叫牛谈，个头不高臂也不粗，人长的挺机灵，又很懂礼仪。他向少室周深深鞠了一躬，叫道："少老师！"原来牛谈是一个管放牧的奴隶，自小和牛羊打交道，练就了一身好力气，他一手搬拉一只牛角可以把两头牛分开。因为他力大过牛，又姓牛，年长的人都叫他牛孩，小伙子跟他练角力，叫他牛叔。

场子边围了几百个观众，大家都想看看少室周的本领，也有几个小伙子希望牛谈能显示一下威风，因而，都一起撺掇两个人比赛。少室周看了看牛谈不高的个头，心想："拳脚无情，这么谦恭的小伙子犯得着给他留下残疾吗？"就对大家拱手说道："角力场上无父子。大家要学两手，我就使两趟拳脚给大家看看，用不着比赛了。"

牛谈也说道："小子怎敢与老师比手。"

岂耐观众都起劲相求，少室周和牛谈只得脱衣下场。

少室周看牛谈只有他大半截子高，不忍下手，便摆了个架子等牛谈上来，谁知牛谈虚提一拳却转身而走，少室周赶上前时，牛谈突然转身从少室周肋下钻了过去，三转两转，少室周有点恼火了："原来这个小牛子并不会角力，只能这样钻来钻去。"他思忖着："等他再从身旁钻过时，我只稍飞起一腿把他踢倒就算了。"果然，当牛谈又从少室周的肋下钻过时，少室周猛起一脚，岂料，牛谈迅速向旁一闪，顺势抓住了少室周的小腿向上一掀，少室周立足不稳，仰天倒下，就在将要着地之时，又被牛谈一把扯住胳臂，轻轻地拉了起来，少室周满面通红，立起身来说道："这一次吃了你的暗算，再来一次。"

少室周站在场子中间一动不动，像是一尊天神。他心想："我个子大，你个子小，转动没有你灵便，现在，我站着不动看你怎么办？"少室周不去进攻牛谈，牛谈却用拳去撩拨少室周。一会儿在前面，一会儿在后面，就在少室周转身之际，牛谈却早已钻到少室周的身后，用手抓住肩膀，用肩顶住腰胯，只用力一掀，便把少室周举在空中，若是用力一摔，怕能把少室周摔个半死。可是牛谈却借势把他轻轻放回原地。这时场边早爆发出雷鸣般的喝彩声。

少室周忙上前拉住牛谈的双手说道："老弟，愚兄佩服你这一手绝技，在齐国也少见你这样的人才。我不明白，晋阳城既然有你这样的高手，主帅为什么还千里迢迢到齐国找我来？明天我一定向主帅推荐你，有你老弟在，我居此位，感到惭愧。"

回到榻下，少室周心绪一直不能安定，他要马上去见赵简子。

听完了少室周举荐牛谈的一席话，赵简子不由得满面春风："你能荐贤让能，足见你是个谦谦君子，德才兼备，我赵简子军中又不是容纳不下两个人的职位。我任命牛谈当我的车右。你提升为军尉。说完之后，赵简子转身对羊舌个道："叔向，我总以为晋国没有善于搏斗技术的人，谁知这人才就在我们的眼皮底下，却一直没有发现。"

羊舌个笑着回答道："这就叫人思贤，贤者自至。人才到处都有，只要为政者虚心访求，人才是用不完的。"

这个故事让我们了解到春秋时代，我国就有了摔跤比赛，而且有一批优秀的摔跤教师。可贵的是这时在摔跤比赛中就很注重体育道德修养，赛输的人甘愿荐贤让能。1955年陕西长安县出土一件旧中国透雕摔跤铜牌。铜牌图像为二人赤裸上身，弓身相抱，一手搂腰，一手搬腿是典型摔跤动作。二人着长裤，摔跤于树林中，身后各有一匹马。这件铜牌也印证了我国春秋战国时代，摔跤已是民间较为流行的体育项目。

百丈游丝放纸鸢

纸鸢又名风筝，亦名纸鹞，传说春秋时的巧匠公输般"削竹木以鹊，成而飞之，三日不下"，这是放风筝的最早记载。可见放风筝至今在我国已有两千多年历史。宋仁宗的宰相寇准曾写诗《纸鸢》："碧落秋方静，腾空力尚微，清风如可托，终共白云飞"，极为生动地描绘了放风筝的情景。纸鸢为什么又叫风筝呢？因为"于鸢首以竹为笛使风和竹笛，声如筝鸣"，故名风筝。后来由于纸鸢不常安笛，故徒有风筝之名了。李声振《百戏竹枝词》："百丈游丝放纸鸢，芳郊三五禁烟前，风筝可惜名空好，不及雷琴张七弦。"这诗别有寓意。

丰富多彩的体育风尚

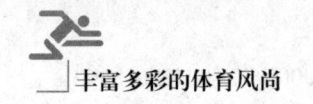

在封建社会鼎盛时期唐代，放风筝大为盛行，唐代诗人有一首诗文里描写到，一只鸟形的风筝在高空翩翩然飞来飞去，看上去就像一只真的鸿雁。甚至野雁也上当受骗。唐代还出现带灯光的形形色色风筝，在夜空中如繁星点点，皓月当空。

宋代的城市中还出现专门出售风筝谋生的小商小贩，风筝类型多种多样。如蝴蝶、美人、软翅子、大凤凰、大鱼、大螃蟹、大红串。清朝后期大文学家曹雪芹也是一个制造风筝的行家，他的好友郭敏在自己家里陈列曹雪芹扎制的各种各色风筝，"罗列一室，四隅皆满，致无隙地，五光十色，蔚然大观"。不仅如此，曹雪芹还对风筝的扎、糊、绘、制造工艺和放飞技术进行了认真研究。撰写了专著《南鹞北鸢考工志》，可贵的是曹雪芹做风筝并非为自我消遣，而是"将以为今之有废疾者无告者，谋其以自养之道也"，也就是说让那些身有病疾而少助无路的人，可以靠放风筝为业生活下去"。这是一种多么可贵"救贫扶弱"的慈善精神。

我国古代还有一种放断风筝的习俗，就是等风筝升入高空后，剪断放飞线，让高空的气流携带着风筝，越飞越远。最后消失在碧空中，这样做的意思是让病痛、灾祸和种种不幸都随着断线风筝一去不返。《红楼梦》中多病的林黛玉就希望放风筝"放放晦气"，周围的人也劝她多放些，"把你病根都带了去就好了"。

然而风筝并不是单一的一种游戏。自古以来就有不少利用风筝，发挥种种意想不到的作用。汉代韩信放纸鸢来测量未央宫距离，便于开凿地道进宫。风筝成了测量工具。古代把风筝当作通信工具的事例更多，如"独异老"说：梁武帝太清三年，侯景围台城，形势危急，简文帝就利用纸鸢飞空，告急于外求救。1901年12月12日，由英格兰发送第一次横渡大西洋无线电报到纽芬兰去时，恰遇暴风，无线电报机的天线损坏，当时就用风筝升空当天线。

古代的俄国海员，曾想出良法：在船遇暴风而难以靠码头时，就放起帆布制的风筝，借它把船缆绳的一端带到岸上，便于牵引船只靠岸。英国在克里夫顿地方有一条长700余尺的悬桥。这座桥的第一条绳索，也是借用风筝送过去的。

风筝在科学家手里，还成了科学研究的工具。1749年，英国的天文学家威尔逊·亚力山大，曾把温度表缚于风筝上，以测高空的气温。美国18世纪的进步科学家富兰克林晚年专心研究电学时，在闪电雷雨之际放起风筝，根据鹞线的下端不断爆发出火花的现象，证实了云中带电，揭示了雷电的秘密。俄国科学家莫扎伊斯基放风筝的故事，在科学史上更传为美谈。的确，风筝和航空模型、现代飞机的飞行原理也类似。由风筝的启示，莫扎伊斯基做出了滑翔机，并在1882年制成世界上的第一架飞机。

风筝还常被当做宣传的工具。1905年全国掀起轰轰烈烈反美爱国运动，广州人民曾在风筝上写上"抵制美货，结成团体"等标语。解放后福建前线的民兵们，也把风筝当作宣传的有力武器。他们利用断线的方法，用风筝的把宣传品散发到蒋军营地。儿童们还边放边唱："小风筝，飞得高，一飘飘到台湾岛，风筝上面几个字，警告你个美国佬：几条破军舰，喂鱼喂不饱，如果不滚蛋，狗命就难保。"

放风筝作为一项户外活动，对身体有很大好处。放风筝时，陶冶在大自然的怀抱中，呼吸新鲜空气，承受阳光照射，还能嗅到大地的青草香，使人心旷神怡。据《续博物志》记载："引丝而上，令小儿张口仰视，可以泄内热。"我国古代医生，还利用放风筝作为一种医疗手段。中国风筝在今天更注入了青春活力，中国风筝传播到世界许多国家，受到各国人民普遍欢迎。

中国是风筝的故乡，今日潍坊市已成为世界"风筝城"。

潍坊市之所以成为著名"风筝城"，也不是偶然的。清代曾任潍县县令的画家郑板桥，在《潍县竹枝词》里就把潍县誉为"小苏州"，他形容其繁华景象说"苦论五都兼百货，自然潍县甲青齐"。经济的繁荣推动着文化的发展，潍坊的风筝史，可追溯到明代。到了清朝中叶，潍坊开始有了专门从事制作风筝的艺人。潍坊风筝以其独特艺术风格和浓郁乡土气息

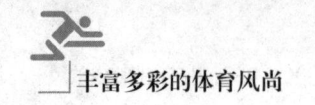

独树一帜。1984年以来，这里已举办了四届国际风筝节。

阳春三月，正是风筝放飞的大好时节，一年一度的潍坊国际风筝节又将举行。潍坊市区已被装饰得像过节一般，彩旗、彩灯遍布街衢。黄昏时刻夜幕渐垂，东苑公园里却是灯火通明，这里的灯会是潍坊人民特地为风筝节而举办的。突然，远处传来锣鼓声，随后，爆竹震响烟花翻飞，刹那间城区如同白昼。锣鼓响处，身着民族服装的人们表演的旱船、龙灯和跑驴等传统节目展现眼前。到处一片欢声笑语，整个潍坊万人空巷，好客的市民和泛海而至的外国嘉宾一同沉浸在欢乐之中。

风筝城虽几经历史沧桑，但风筝制作技艺仍不减往年。为迎接风筝会，据说这里的人们扎制了近万只风筝。仅潍坊工艺美术大楼的陈列室和风筝展览会里就展出了几千种风筝，使我们有幸饱览这些精美绝伦的工艺杰作。其中有宏伟的巨制，也有细巧的小品，有面容滑稽的济公活佛，体态丰盈的观音菩萨和红光满面寿星老人，以及各种飞禽走兽，真是鳞潜羽羞巧夺天工。从风筝上标着的姓名看，不少竟是人们业余之作。

参加者有来自美国、法国、日本和联邦德国等六个国家和地区的放飞队以及中国各省代表队。刹那间，象征着和平的一千只信鸽和数千只彩色气球腾空而起，台上千名儿童组成了友好、和平及欢迎的字样。接着，数千名身着民族服装的乐手和演员为观众表演了精彩节目。自由放飞开始，只见数百只各具特色的风筝徐徐飞上天空……

各个代表队的风筝，将有一场评选世界十绝的角逐。一大早，人们便从各地赶至潍北平原。在通往放飞场地的几十公里路上，站满热情洋溢的人们。数百辆汽车组成的车队，浩浩荡荡驶向潍北比赛场。

最后决赛赛出世界风筝十绝称号的作品在闭幕式上受到奖励。

小小的风筝这一古人发明的娱乐活动漂洋过海，已受到世界人民喜爱，根根银线已成为联结各国人民的纽带。

"短命的拔河"命不短

人们都称拔河运动是"短命的拔河",因为在现代奥运会上只在1900—1920年的几次运动会列为竞赛项目。但以后就销声匿迹了。

然而,拔河是具有悠久历史的古老游戏,从产生日起直至今日,一致受到世界人民的欢迎。在欧洲的英国、爱尔兰、瑞典、西班牙、瑞士、意大利等国,拔河是全国性竞赛项目,每年都有较大规模的比赛。拔河爱好者都相继组成了拔河协会。瑞典在1933年就成立了全国拔河协会。1958年还举办了拔河国际比赛。英国邀请瑞典队到英国比赛,当时分别用两种规则比赛,瑞典比赛规则却是"人定绳动"的争夺。即双方运动员两脚站在事先挖好的小坑——抵足穴内,人的位置固定,只用两手拉绳,一点点把绳拉来,绳在手里移动,每局比赛两分钟。终局时把绳拉过两米为胜。比赛后,英、瑞两国拔河协会通过协商制定了国际拔河比赛规则,并创立了国际拔河联合会。从1979年开始,世界拔河锦标赛每两年举行一次。近年来愈来愈多的国家要求参加这项运动的世界性比赛。国际拔河联合会还向国际奥委会提出让拔河运动重返奥运场。可见,拔河运动还是有旺盛生命力的,并非短命。

至于拔河的起源,还要追溯到古老中国春秋战国年代。

拔河,古代也叫牵钩或拖钩。据《隋书·地理志》记载,这种活动起源于春秋时期。楚国和吴国对抗,两国都是在水网地区用战船作战。楚将模仿水运拖船的背纤动作:用一条大篾缆,上系数百个小索,相向对挽,以练气力,所以叫作牵钩。到了隋唐时期,便由大篾缆改用大麻绳。"拔河古用篾缆,今则以大麻绳,长四五十丈,两头系小索数百挂于胸前,分二侧两相齐挽。当大绳之中，立大旗为界，震鼓叫噪，使相牵引，以却者为赢。"湖南、湖北盛行这种活动，是因为"俗传以此厌胜，用致丰穰"。拔河比赛的规模比较大，每次都有几百人参加，加上几千名观众，擂鼓呐喊助威，"群噪歌谣，震惊远近"。统治阶级对人民的这种活动深以为虑，恐由此酿成祸乱。南朝梁简文帝萧纲就曾下令禁止过。但由于人民喜欢这种活动，朝廷命令是禁止不了的，拔河活动在民间依旧十分盛行。

到了唐代，拔河活动便由民间传入长安城，也传入宫廷之中。唐玄宗李隆基在长安城曾组织了一次一千多人参加的拔河比赛，"喧呼动地"，不仅使长安城的市民看了为之震惊，就是当时在长安城的"外国客"见了，也"莫不震骇"。唐玄宗自己写诗叙述这次拔河比赛的盛况是："壮徒恒贾勇，拔拒抵长河。欲练英雄志，须明胜负多。"唐玄宗的大臣张说也作诗奉和："今岁好拖钩，横衔敞御楼。长绳系日住，贯索挽河流。"这两首诗对当时拔河比赛的气势做了很好的描写，并指明举行这种大规模的拔河比赛是为了祈求丰岁。但实际上在唐代首都举行有一千多人的参加的气壮山河的比赛，是具有极大的政治意义的。唐玄宗的文臣薛胜在《拔河赋》中透露了唐玄宗的真实意图："皇帝大夸胡人，以八方平泰，百戏繁会，令壮士千人分为两队，名曰拔河于内，实耀武于外。"这几句诗的意思是"唐明皇为了天下安定，举行各种文娱体育盛会，借以向胡人使者炫耀国富民强。他命令1000名壮士，分为两队，说是拔河比赛，实际上借此向外国显示武力"。体育比赛的气势自古以来就是显示国力盛衰的一种方式。在宴席上匈奴首领看了这威武的拔河比赛，惊讶地失掉筷子，举杯对唐明皇说："贵国这样强盛，我们国家是要灭亡的。"

唐代的民间拔河，多是男子参加；而唐中宗李显在皇宫中组织的拔河比赛，却让宫女参加。《资治通鉴》载：景龙三年（709年），李显让几百名宫女在玄武门外拔河。赛完之后，又让她们去游宫市，结果几百名宫女都乘机逃跑了。

可以与唐代这种规模宏大、气吞山河的拔河相媲美的大概要算我国东北的朝鲜族传统拔河了。它是一种欢庆丰收的庆典活动,在两个村子之间进行,绳子是用稻草和藤条搓成的。参赛人数千人以上,而且主绳之外还要系上小绳。比赛时锣鼓喧天,器乐齐奏,呐喊助威热闹非凡。由于拔河这种体育形式简单实用,欢快喜庆,深受各族人民的喜爱。

"半仙之戏"荡秋千

荡秋千是一项古老的体育活动。它起源于早期原始社会人类的攀援树木、采集果实,在树上荡来摆去的劳动活动之中。根据《古今艺术图》的记载,古代秋千是从生活在北方的一个少数民族——山戎族那里引进的。山戎族很喜欢荡秋千,认为秋千是培养人的勇敢、矫健、敏捷重要战斗素质的好方法。春秋时期齐桓公与山戎人打仗时把这项活动带到中原地区。

为什么这项活动的名字叫"秋千",实际上"秋千"就是"千秋"的误传。汉武帝祈祝自己有千秋之寿,所以汉家后宫都喜好秋千游戏。在《湘素杂记》中也指出"秋千是汉武帝后宫中的一种游戏,本来叫"千秋",是祝寿之词,后来误传为"秋千"。

荡秋千,还有个名字叫"半仙之戏",这个名字的来源还要从秋千运动的特点说起:

古人认为秋千既可"摆疗"除掉疾病,还可以释"闺闷"使深闺中的少女们得到消遣,因此,广大群众,特别是妇女们很喜爱。秋千从唐代开始就成为极为普及的体育游戏。杜甫诗里写"万里秋千习俗同",就反映了秋千被广大地区人们所喜爱。特别是秋千给长居在深宫中过着寂寞生活的宫女也带来了不少欢乐。在一首诗中这样描绘少女们荡秋千的生动情景:一副彩绘的秋千架上,那绿色的网络横幅被微风吹偏了。美丽的女郎趁着春天在小楼前荡秋千。深红色的拖地长裙飘扬着。她果断地一蹬，乘势一送，美女飞上了天。纷纷飘落下来的杏花，像阵阵红雨打在彩绘的荡板上。随着荡板掀起的彩绳，斜挂在绿杨深处的烟雾里。她荡摆秋千，下来，从容而悠闲地立在一边。好像是月里嫦娥下凡来。从诗中描述可以看到，这种忽上忽下，在彩云端，树枝头飘飘荡荡的游戏，使人产生一种飘飘欲仙的感觉。因此，唐玄宗和宫女们又把它称为"半仙之戏"。

唐代的少女们玩起这种半仙之戏，并没有半点仕女的脂粉气，相反，表现很有勇气、英姿飒爽、热情高涨。唐王建《秋千词》就描述了这种情景：

长长丝绳紫复碧，袅袅横枝高百尺。
少年儿女重秋千，盘巾结带分两边。
身轻裙薄易生力，双手向空如鸟翼。
下来立定重系衣，复畏斜风高不得。
傍人送上那足贵，终睹明挡斗自起。
回回若与高树齐，头上宝钗从堕地。
眼前争胜难为休，足踏平地看始愁。

少年儿女坐上秋千，中带两分，身轻裙薄，袅袅婷婷。她们全靠自己荡上高空，为了一点赌物，施展浑身解数，回回荡得与树平齐，头上宝钗坠地，一时也顾不上。

有时她们还在夜间荡秋千，"夜半无灯还有睡，秋千悬在月明中"，可见积极性很高。

除了这种荡秋千外，在战国时又出现了"磨秋千"，即在地上立起一根柱子，柱顶上装上轮子，从轮子上辐射出四根竿子或绳子。做游戏的人悬垂在杆或绳上，随着轮子旋转。

荡秋千，在我国民间常常组织竞赛活动。如朝鲜族高空秋千赛，即是由选手代表本村本族参加。秋千架上高悬花朵、铜铃等物，谁能荡高衔物，即为优胜。这既是选手自己的光荣，也是一村一族的光荣。

我国纳西族也有"秋千会"的传统习俗。从正月初一到初四举行大规模的秋千活动，辞旧岁迎新春，高悬彩架接云天，共庆新年胜旧年。

在不同的民族地区，还流行各种不同形式的秋千游戏。如云南阿昌族的"纺车秋千"或"风车秋千"就属此类。这种秋千像一个巨大的纺车或风车，在轮上固定有四块木板，游戏时人坐在板上，大轮转至地面时，轮番用力蹬地使秋千持续绕轴转动，如同风车一样旋转不已，越转越快很有特色。

"飞去来器"的门道

自从杰克·贝斯洛发现澳大利亚土著使用的这种打猎器械，把它作为一种运动加以推广以来，直到1980年正式举行欧洲第一届飞去来器锦标赛，至今也不过10来年，可以说投掷飞去来器是一项新兴的运动项目。目前澳大利亚、英国、美国、法国、德国、荷兰、比利时等国都已开展这种运动，并设有全国协会或联合会，美国还普及了集体比赛活动。

但是追溯飞去来器的历史，却可发现它是飞盘的老祖宗。现在世界上普遍认为，它是澳洲土著居民所特有的打猎器械。当地人把它称为"风"。它飞出手后，打中猎物便罢，不然还能飞回主人手中。但是近年来的考古发现表明，埃及图唐哈孟法老墓中也保存有"飞去来器"。推算起来，它存在已相当久远。

飞去来器怎么飞而复返呢？从物理上说，这是一种符合陀螺旋进原理的飞行。

飞去来器出手后，以每秒6—10圈的速度旋转，同时以60—200公里/小时速度位移。这种旋转位移造成其两翼速度之差。右侧翼向位移方向旋转（一翼旋转，另一翼也旋转），其速度为位移速度与旋转速度之和（V1+V2）。左侧翼向位移相反方向旋转（一翼旋转，另一翼也旋转），其速度为位移速度与旋转速度之差（V1—V2）。

这样一来，向前旋转的右翼比左翼要快3倍。于是飞去来器每转一圈，就有一个力把它向右引动一次。然而它不向右转，而是逐渐向左转，最后返回原地。

创造这项运动的先驱是澳大利亚人弗兰克·杜耐兰（1930年），但是飞去来器运动的广泛发展，还应归功于美国人本杰明·鲁厄。他于1973年组织了全美国第一次飞去来器比赛。到了1969年基本上形成了一套完整的飞去来器比赛方法。

目前国际上开展的飞去来器比赛，均以米得分和秒数计量。主要有3个项目：掷准、回接方式和掷远。掷远是按器械飞出弧圈的直径长度计量，以最远者为胜。掷者站在40米长线后投掷，器械返回时要与这条线相切，才算合格。

回接：又分为快接（5分钟内回接最多次），连续接（在20次投掷中，尽量多次接到器械）。回接项目投掷者要先后在两个圈内完成动作。一个圈半径1.5米，另一个圈半径2米。器械出手后，必须飞越20米以外线再返回。

国际上常用的器械有：传统式——形状类似衣架，其夹角为110度，稳定旋转快；胡克式——适于掷远，夹角小些，可避免与空气过多摩擦，一翼比另一翼长，便于投时发挥杠杆作用。另外还有一些夹角更小、翼更短的器械，适于回接。常见的有A型、V型和U型三种。这类的缺点是飞行不够稳定，不适合初学者使用。此外还有掷远用的加重型器械和带刻纹的器械，便于穿越空气。

最后再说说飞去来器的玩法。

简单投掷技术：选择无风或微风天气，站在空地中间，使器械平面向外，半圆形对着自己，与风成45度角，略向前下方投出。器械出手时要有一个甩鞭动作。

回接技术：由投出、预回接和回接组成。投出时高度要由中等到相当高，并使其尽量旋转。器具飞出的抛物线要力求平衡，不出现突升。预回接时则要看清抛物线的方向，迅速移动身体接近飞回的器具，身体应处于飞去来器向地面下降的轴上，接不住也要以身体挡住器械。要注意两腿应微屈膝撑地。回接时五指要伸展，两臂与器械旋转面平行，并迅速抓住飞去来器肩角处，顺势撤身，夹住器械。

掷远技术：只靠前臂和手腕甩鞭动作，即可投出20米开外。为了投得更远，要加大动作，如同投标枪。只要出手速度快，就能投出更远的距离。

《掷铁饼者》的沉思

从古至今最负盛名的雕塑就是一尊体育雕像，它就是世界闻名的古希腊雕塑《掷铁饼者》。只要人们谈及到体育雕塑就会情不自禁地想到它。

这座雕像是米隆的代表作，也是古典雕塑现实主义的杰作。这座雕像开始摆脱墨守成规的影响，努力探索符合自己的社会发展与民族要求的道路，突破了旧程式，提高了技巧，创造出希腊人的理想化的标准造型，以后一直成为典范；它表现了复杂的动作和严格准确的结构，解决了人体重心落在一足上的动态问题，这件作品是推崇体育家的强健体魄，夺取胜利的信念，成为优秀运动员的纪念碑。雕像选材于投掷过程的瞬间动作，把它固定下来，但不是动作的终结，而是在动作过程之中，所以给人以连贯的运动感和节奏感。互相补充、相互构图的对立运动，而臂极大的动作，带动躯干弯曲，出现了不稳定感；但高举的铁饼把人体全部运动统一起

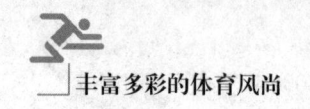

来，暂时处于平衡之中。同时也由于铁饼运动有着必然下滑趋势，因此，又产生即将转向新的运动感觉，这就突破了艺术的时间、空间局限性。人物面部表情它仍保持古风时期的静穆感，但人体的和谐韵味，优胜体育家的健美和青春力量表达得尽善尽美。

在人类几千年文明发展的长河中，有两艘大船始终紧密相连，互相鼓舞，互相提携，从悠悠远古驶来，又向茫茫未来驶去，这就是体育和雕塑。

每当现代奥运会采集圣火之时，古希腊奥林匹亚运动场遗址就会再次庄严辉煌。在那光耀世界的圣火之中，人们总仿佛看到一位健美的古希腊裸体男子，凝神弓身，屏气聚力，准备把手中的铁饼掷向遥远的天宇，以示神赋之力的强大。

如今这尊雕塑带给我们的是更高、更快、更强的希望，闪烁着永不熄灭的光芒。其实，这尊雕像只不过是为数众多的奥林匹克夺标者之一，因为在古代奥林匹克运动会上，要为每一位夺标者塑一尊雕像。

尽管绝大多数这类青铜塑像早已荡然无存，尽管我们现在所见到的这尊《掷铁饼者》已不是古希腊雕塑家米隆的原作，而是古罗马时代的大理石摹品，但我们依然从那些残垣断柱间留下的雕像底座上，感觉到昔日体育竞技的发达和雕塑艺术的繁荣；我们依然会被感动，不仅为雕塑家高超精湛的艺术造诣所折服，同时也为古希腊人健美的体魄赞叹不已。艺术家创造了比运动员更理想、更完美、更富于力量的经久不衰的艺术作品。

古希腊的人体雕像之所以能如此感染我们现代人的心灵，是因为它凝聚了人类对自身肉体与灵魂的深情表达和对生命生生不息的真善美的追求！

当这些雕塑在经历千年尘封重现天日之时，它们最初的敬神功用早已在历史风雨中冲刷得无影无踪了。同时也摆脱了迷信、宗教、种族、政治和各种理念的桎梏，使这些雕像在体育与艺术两个领域里均占有至关重要的一席之地。尤其是《掷铁饼者》，既是雕塑艺术的经典之作，又是体育魅力的象征。

体育以人的自身运动来表现人类的无穷智慧和强大体能。雕塑则通过塑造人体种种姿态再现人类生命的能量与辉煌。

体育是空间的运动！

雕塑是空间的艺术！

体育与雕塑是尽其可能，以不同的手法在无限的空间里表现人的存在和无尽的发展，而两者终极内在本质都是尽最大努力和可能去掌握感情生命、发挥感情生命。

无论是现在，还是遥远的年代，人类始终把目光集中在自己身上。人类有聪明的才智，人类也有困惑的重负。即使是在宗教盛行、崇神敬鬼的历史时期，人们也是通过塑造体型端庄、肌肉发达、尚武有力的强健人体来体现生命力。我国古代那些石雕的金刚，泥塑的力士，就是宗教传说中力量的象征和化身。古代雕塑家在创造过程中，有意无意地把他们创造成我们人的本身，表达了人们对自我强健的向往与热爱。

古今中外几乎所有的雕塑家都有一种传统的默契——神即是人。这种传统发展到今天，使人类的目光真实地、毫不虚伪地落实到了人类的自身。体育也是在其自身发展的过程中，越来越超越社会生活的种种障碍，创造出一个真正合乎人类本性的时空目标——对强健肉体的享受和高尚完美人格的愉悦。

自1896年现代奥林匹克体育运动进入现代人生活之后，经过一百多年的艰难拓展，终于造就了当前这个强盛的体育时代。体育以其不可抗拒的诱惑不断浸润着人类现实生活的各个环节和领域，同时也为雕塑艺术提供了前所未有的、无可比拟的创作素材。从而也极大地丰富了体育雕塑的内涵，推动体育雕塑进入了一个空前繁荣的时期。

这种繁荣又为所有从事体育、热爱体育、得益于体育的人们带来了种种享受和骄傲。无怪现任国际奥林匹克运动委员会主席萨马兰奇先生对体育雕塑情有独钟，倍加垂青。

丰富多彩的体育风尚

尽管现代体育雕塑继承了古希腊奥林匹克的传统，并得到了发挥和光大，但它与其早期的宗教意义已彻底决裂了。不仅如此，在这些杰出的雕塑艺术作品中，那些政治对抗、地域纷争、种族冲突，以及强加于体育行为的种种限制也随之不复存在，而表现了人类行为的最高境界——真、善、美。

面对体育这一取之不尽的题材，雕塑家们可以尽最大的可能发挥自己的聪明才智，以艺术家对体育的特殊感觉，捕捉人体运动瞬间的激动人心的姿态，用雕塑的形式给予表现和凝固，营造隽永的回味，淳淳的激励和无限的神往。

对体育这种题材的表现，雕塑比其他艺术表现形式更具优势。尤其是当雕塑与建筑相结合时，更能显示出雕塑艺术营造环境氛围的优势。这一优势原本来自对建筑装饰的要求，进而发展成一种独立的传统装饰方法。世界各国的体育场馆几乎无一例外地承袭了使用体育雕塑营造环境气氛的传统方法。雕塑家们根据不同场馆的不同功用，创造出许许多多丰富多彩的雕塑作品，时而浮雕，时而圆雕，时而抽象，时而具象，达到了营造体育场地体育氛围的目的。

不老的"铁饼之神"

1979年4月，突然在美国和世界各国几十种体育报刊登这样一条新闻消息：

"美国铁饼运动员艾尔弗雷德·厄特，在一次田径赛会上创造了个人好成绩：67.00米，这是今年以来男子铁饼的世界最好成绩……"

乍一看，人们有些摸不到头脑，为什么这个人的掷铁饼成绩受到世各国注目？这个艾尔弗雷德·厄特是谁？是新手吗？

原来这个厄特就是大名鼎鼎的从1956年墨尔本奥运会开始连续四次获得金牌的人。当时他已43岁，在人们眼里已是早应退役的老头了！然而今天却让世人大吃一惊，有人怎么也不相信是老厄特，还以为是他的儿子呢！厄特在体育史上可以说创造了他的第二次奇迹！

他创造的体育史上第一个奇迹，是他在22年以前开始连续4次获奥运金牌。

厄特生于1936年，在美国西岸洛杉矶长大。他父亲是德国移民的后裔，母亲是捷克人。这个血管里流着两种血液的小伙子，从小就体格强壮，酷爱体育。厄特很快被学校田径教练看上了。19岁那年，他第一次掷出50米好成绩，他被选入国家队并参加墨尔本奥运会，这个年仅20岁的小伙子把铁饼掷到56.46米获得金牌。1960年，他又以59.18米成绩在罗马奥运会夺魁。1964年他在东京奥运会大出风头连连击败对手，以61.00米夺标。1968年墨西哥城奥运会，这是现代体育史上值得大书特书的一届奥运会，美国队夺走177枚金牌中的48枚，其中田径占15枚。厄特在这天决赛中，天公不作美，风雨交加，但他还是在改进自己脚步动作，由于他的有力一投，创造了奥运史上的奇迹：在同一项目上连续四届获冠军。在现代奥运史上，一人拿到4枚金牌以上的共有18人，但是除厄特之外，谁也没有在同一个项目上连获4枚金牌。芬兰选手努尔米得过9枚金牌，但却是包括4个长跑项目。

从1970年到1976年，厄特从国际体坛上销声匿迹了，除了写体育史的撰稿人有他，人们几乎把他忘了。1977年春他开始重返体坛。他已是有两个女儿的爸爸，生活闲适，时间充裕，他回想起从事体育竞技的日日夜夜，留恋起亲切的体育天地。他还想从熟悉的体育竞技中得到一些慰藉和乐趣，于是他试探参加老年人运动会。没料到41岁的厄特，还掷出64米好成绩。他高兴地去请教医学专家。一位老年病研究学者为他做了全面体检。体检后告诉他："你的体格和功能状态就像一个20岁的青年一样！"厄

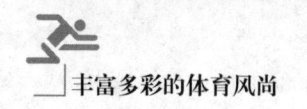

特听了欣喜若狂,他决心再大干一场!从此,他又开始了系统训练,每天2小时,每周7次。在训练中一丝不苟,不管天气好坏,他都坚持训练。他认为那些"好天气选手"只能在天气好条件下比赛,所以没出息。回顾以往,厄特的4枚金牌,都是在外界不利的情况下力争来的。他的成功秘诀所在:充满自信,意志顽强。他下决心再创奇迹,夺取第5枚奥运金牌。经过一年多的艰苦训练,他的体重虽增加20公斤,但力量却比原来增加25%—30%,致使他的铁饼成绩扶摇直上。1980年5月31日,他将铁饼掷出69.46米。这个成绩比1980年莫斯科奥运会铁饼冠军成绩66.64米高出2.82米。由于美国抵制莫斯科奥运会,所以厄特失去了获第5枚金牌的良机。但他的铁饼成绩表明,他才是真正的奥运铁饼冠军。在第一次赢得奥运金牌28年后,再次披挂上阵,成绩卓著,这在体育史上绝无仅有。

身轻如燕的技巧运动

近些年在西方许多国家兴起"倒立"锻炼法,就是脚朝上,头朝下的一种静止的锻炼法,它既能健身又能治病。这种锻炼法对腰痛最灵,对关节痛、痔疮、下颌松垂等多种疾病均有疗效。此法听起来陌生,其实古已有之。

倒立是技巧运动中的一个基本常用运动,技巧运动还包括有滚翻、手翻、空翻、平衡、桥等动作,同时还包括两人或多人造型等。如果说数量,技巧动作有成百上千个。技巧运动是一个丰富多彩的有悠久发展历史的运动项目。

古埃及公元前4000年左右,出现奴隶制度,公元前1500年前达到极盛。古埃及人创造了丰富多彩的体育活动,其中舞蹈和杂技(包含技巧运动）十分流行。在壁画中可以看到女运动员"桥"的动作，还有3人组成的塔形，以及一些翻筋斗动作，都是难度较高的技巧动作。在舞蹈中也出现一些如手翻等技巧动作。

在古印度前3世纪已经进入奴隶社会，创造了哈拉帕文化。除了有游泳、打猎、骰子戏，下棋活动以外，健身娱乐活动如瑜珈、呼吸操等活动十分兴盛，这些活动中，都有一些技巧动作加入其中。如瑜珈功其中就有各种倒立技巧动作。当时技艺高超者曾出国表演。据中国"乐志记"记载：有一印度艺人来表演，这个艺人的两臂周围及脸下和背部下方都托上尖刀，腹上又站了一位吹筚篥者，一支曲子吹完，倒立者安然无恙。可见这个艺人倒立功夫的纯熟精湛。

我国古代，特别是汉、唐两代技巧运动兴盛。在四川出土的汉画像砖戏图中，有一种"五案手倒立"的表演，一个艺人在五张桌子上做手倒立。河南南阳出土的汉画像石中有"单手倒立""双人倒立"，反映出汉代倒立已有相当高的水平。

到了唐代技巧运动更有了进一步发展。《全唐纪事》中记载：玄宗开元二十四年八月十五日，在御楼设绳技，"伎者先引长绳两端属地，埋鹿卢的系之，鹿卢（辘轳）内数丈立柱，以起绳直如弦，然后伎女以绳端蹑足而上，往来倏忽之间，望之如仙，有中路相遇，侧身而过者。有箸履而行之，从容俯仰者，或以画竿拉径，高五六尺，或踏肩踏顶至三四重，既而翻身掷至绳，还往曾无蹉跌"。

这种百戏中的筋斗，就是技巧运动中单人动作的手倒立、倒立爬行和各种筋斗等。踏肩踏顶三四重，就是技巧运动中的三人团体和四人团体动作，最上面的人，叫作尖子，做空翻动作双脚落在绳子上，再从绳子上做空翻动作，翻回到中间人的肩上或头顶上去。这是高难动作，就是现今技巧能做这样难的动作的也是少数人。唐代技巧运动，在敦煌壁画中也给留下珍贵历史图。在出行图的一小部分中，有百戏、歌舞、戴竿。百戏中有技巧运动的倒立等。有二人用力动作，三人动作和四人动作。柳肩倒立就

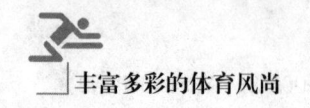

是今日双人用力动作。柳格倒立就是借用工具来做的三人男子动作；三童倒立，就是技巧运动三人动作，也可借用工具做三人动作；四人重立，就是男子四人动作，两旁还各有一人解说，并进行保护，动作生动逼真。

唐代的筋斗（翻跟头）技术水平亦相当高。侧手翻向外转体90°接空翻，这个翻腾动作在清代称"虎跳"，是一个比较难的技巧动作。在一书中记载有一艺人表演：忽作"虎跳"，忽翻筋斗，起落如蜓跃"。寥寥几笔就勾画出"虎跳""筋斗"的生动形象。

埃及、印度、中国古代的技巧运动，绚烂多彩，千姿百态，它是东方古代人民对美的强烈追求的表现。我们的祖先懂得劳动与娱乐的关系，因而，作为社会一部分的娱乐体育才逐渐发展起来，技巧运动就是娱乐运动的一部分。

东方技巧运动的产生和发展，对世界技巧运动的发展产生深远影响。

投石·击壤·投壶

在投掷运动中，同铁饼、标枪相比，铅球是开展比较晚的一项运动。人们公认，铅球是起源于投石游戏。据《史记·白起王翦列传》记载这样一个故事：

王翦至，坚壁而守之，不肯战。荆兵数出挑战，终不出，王翦日休士洗沐，而善饮食而抚循之，亲与士卒同食，久之，王翦使人问："军中戏乎？"对曰："方超距投石。"于是王翦曰："士卒可用矣。"

这段文字说的是，秦国大将王翦在对楚国作战时，一面坚守不战，以逸待劳，消耗和麻痹楚军；一面积极搞军事训练，让士兵锻炼身体，养精蓄锐；久之他恐军队有所松懈，派人查看，派出的人回来说，士兵们都在练投石、跳跃，王翦说，这样的军队是可以打仗了。这说明在公元2世纪前，我国军事家就重视体育对军事作战的重要作用，同时也说明，投石运动，在我国开始很早。

到了西汉时期（公元前206—公元前8年）投石运动有了进一步发展。据《后汉书·甘延寿传》记载："甘延寿，少以良家子善骑射为羽林，投石超距绝于等伦，尝超逾羽林亭楼。"另一处记载："《范蠡兵法》，巨石重十二斤，为机发，行二百步，延寿有力，能以投之"。这两则记载，比较详细地叙述了投石运动人物、石头重量以及投出距离。公元前25年，西汉官吏甘延寿，字君祝，北地郁郅人，即今甘肃庆阳人，他不但善骑射而且投掷、跳远、跳高均比较出色。他所投之石，重量12斤，在西汉时一斤的克数约250克，当时12斤，相当现今的6斤，即相当于现在少年女子乙组铅球重量。机发距离为二百步，6尺为步，二百步为1200尺（西汉时一尺相当今日22.5厘米，二百步相当于276米"延寿有力，能以手段之"具体成绩没讲明，用手把6斤重石头投276米是否可能，尚需考证，至少说明在公元前25年之前，我国的投石运动已发展相当完整地步。

在民间还有一种谓"击壤"的投掷运动。据《艺经》《帝王世纪》等书记载，这是一种投掷木块的体育游戏。木制的"壤"形状均似鞋子，但大小不一，大者长一尺多，小者长三四寸。几个人在一起比赛。先将一壤放在地上，然后走三四十步外，用另一壤击之，击准者为胜。这种古老游戏，后来有了发展，有些地方用木棒或砖瓦代替木壤，活动方式也有变化。

春秋战国时代士大夫中流行投壶运动，这既是一种娱乐活动又是一种投掷运动。春秋战国时代贵族们经常举行歌舞宴乐，这些活动有时出于政治、外交的需要，有时纯属贵族们的享乐。在宴乐中，常举行投壶活动，特别是在士大夫中甚为流行。《礼记》一书专门有一章写投壶方法仪式。投壶来源于射礼，是射礼的替代活动。"投壶，射之细也"。《礼记大全》解释为："壶之为器，所以实酒而置之席间者也。其原始也。必以宴饮之

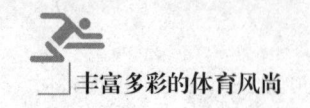

间，谋以乐宾。或痛于不能为射也，举席间之器以寄射节焉，此投壶之所由兴也。"投壶用酒壶，则其最初与宴席有关这是无疑的。在《礼记·投壶》还记载了投壶的仪式与方法，其奉矢中（盛筹码器）之法，辞让之节，壶位之度，奏乐之制，计算胜负，胜者饮不胜者以酒以及庆获胜之奖励等均有细致规定，与射礼的繁琐、形式化完全一致。此种射礼演变为投壶，反映了社会上不长于射的人渐渐增多。从投壶游戏的盛行，也表明春秋战国时代文武分途和文士兴起的一种迹象。

　　投壶是一种娱乐性质的体育活动，为了增加宴乐的欢悦。

　　"某有枉矢哨壶，请以乐宾"就是这个意思。当然某些贵族在政治上钩心斗角，也自然反映到宴会和投壶上。如《左传·旺公十二年》"晋侯以齐侯宴，中行穆子相。投壶，晋侯先。穆子曰：'有酒如淮，有肉如坻，寡君中此，为诸侯师'，中之。齐侯举矢曰：'有酒如渑，有肉如陵，寡人中此，与君代兴。亦中之'"。春秋时齐晋争霸，这次是晋君招待齐侯，举行投壶，双方都借投壶的祝词说出了争霸的语言，这自然是一种投壶外交。

　　这一时期投壶的规则与方法记载甚详。投壶用不去皮的"柘"或"棘"枝制成没有羽也没有镞的箭，前尖后粗，宾主每次各投四枝。壶为酒器，口径约二寸半（周尺）投壶地点或在堂上或在庭中，壶与投者相距约5—9尺（周尺）以投中次数多寡定胜负，投壶时还有音乐伴奏，击鼓按节。

翘关·杠鼎·举石

《水浒全传》中有一段描写武松在安平寨举石的事,既表明了宋代举石的方法,又反映了宋代举石运动开展的情况:"武松把石墩略一摇,大笑道:'小人真个娇惯了,那里拔得起?'施恩道:'三五百斤的石头,如何轻视得它!'武松便把上半截衣裳脱了下来拴在腰里,把那个石墩只一抱,轻轻地抱起来,双手将石墩只一撇,扑地打下地里一尺来深。武松再把右手去地里一提,提将起来往空中一掷,掷起来一丈来高,武松用双手去接,接来轻轻地放在原旧安处。"武松这一撇、一掷、一接的举石方法,正是我国民间的举石动作;直到今天,民间的举石活动还保存了这几个动作。

木制的举重器具太轻,铁制的举重器具又太贵,都不利于广泛开展举重运动。到了宋代,就有了石制的举重器具。据周密的《武林旧事》载,南宋的临晏城有举重表演的艺人——"天武张(举石球)、花马儿(掇石墩)、王彦生、陆寿"。举石球、掇石墩,都是用石制形状,既方便又省钱,对广泛开展举重运动有许多好处。从木铁制的举重器到石制的举重器,可以看作是我国古代普遍开展举重运动的一个标志。

举重在我国古代经历了三个大的阶段:一是举生活用具,二是举木铁制的举重器,三是举石制的举重器。由于举重器具的不同,其名称也有差异如翘关、扛鼎、举石等,都是古代举重的名称。

在使用冷兵器作战的古代,体力是十分重要的。冷兵器杀伤力的大小,决定于人体力量的大小。古代在描写一位英勇的武士时,总是说他"力大无穷""力举千斤"等,把力量放在重要的位置。在夏、商、周三代

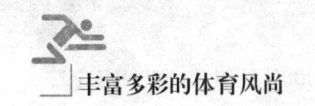

的传说中,就有许多大力士,如夏桀"有才力,能伸钩索铁,手搏熊虎";殷纣"能倒曳九牛,扶梁换柱";穷氏国群寒浞的儿子"能陆地行舟"。拉直铁钩,空手擒缚猛虎,曳住九牛,扶住屋梁换下房柱,以及在陆地上拖动木船,这些生活和生产上用力的事,需要几个人或十几个人才能办到的,而力量大的一人就办到了。这种大力究竟是怎样练成的呢?古书上缺乏记载。但到了春秋、战国时代,我国史籍上就有了"翘关"和"扛鼎"的举重练力的记载了。

翘关就是举城门上的大木门栓;扛鼎就是举烧食物的大锅子。国门之关就是诸侯国都城门的大门栓。诸侯的国都城门一般都有四五丈阔;如果用拱把粗的木头做栓。也有几十斤重,据汉朝人高诱的解释,翘关的方法是"以一手捉城门关戾而举之"。就是说,用一只手握住门栓的一端,把四五丈长的木栓挺举起来。这需要很大的力量。

据《说文》的解释,扛鼎就是"横关对举",即是在两个鼎耳之间穿一根杠子,两个人把它抬起来。而一个人扛鼎,就是手提横杠把鼎举起来。战国时举鼎力士最多的是秦国。秦国用封官的办法招来了许多大力士。有名的乌获、任鄙、孟说等,都是能力举千斤的人。

作为练力方法的翘关、扛鼎的起因是可以想见的。管关门的官吏,每天要上下门闩;管煮食物的小吏,每天要搬移大鼎。这都需要有力量。于是,他们把需要用力的劳动变成了练力的工具,就创造了翘关、扛鼎的举重方法。但翘关、扛鼎运动之所以能在社会上开展,是和当时军事作战的需要有关。

汉代仍以扛鼎为练力之法。唱过"力拔山兮气盖世"的大力士项羽,是"身长八尺,力能扛鼎";在作战中"大呼驰下,汉军皆披靡"。汉武帝的儿子广陵王胥,也是"壮大,力扛鼎"。《汉书·邹阳列传》上说,赵王曾召"鼎士玄服于丛台之下"。《盐铁论》中贤良讽刺时事是"戏车鼎跃,咸出补吏"。这些都说明西汉社会十分重视练力活动,其练力的方式仍以扛鼎为主。

唐太宗以科举取士，冲破了魏晋以来的门阀政治。武则天时，除科举取士外，设了武举科目："长安二年，始置武举。"考试的内容除了步射、马射、马枪之外，"又有翘关、负重、身材之选"（《新唐书·选举志》）。这时的翘关已不再举门闩，而是举一种特制的举重器具。"关长丈七尺，径三寸半，凡十举，后手持关距出处无过一尺。"一丈七尺长、三寸半直径的木棍，不算重。举法与春秋时翘关一样，用双手握一端，后手不得离棍端一尺。为什么要用这种举重方式作为考试的内容呢？这与当时兵器的使用有关。唐代骑兵使用的马枪是一丈八尺长，需用两臂力量掌握，而练翘关正是锻炼两臂的力量。唐代从作战需要出发，制造适合的锻炼器械，这是我国古代从利用生活工具举重向自制体育器械举重迈出的重要的一步。

赛象、赛牛和赛骆驼

一场奇特的拔河比赛即将开始！在草绿色赛场上比赛一方是60个彪形大汉，个个虎背熊腰，令人叹为观止。另一方却是体重8500磅的大象，此刻它高昂着头，甩动着长鼻，怡然自得的转悠着。

一根粗大的绳索套在大象颈上，接着裁判一声令下，60个大汉拼命拉绳，尽管他们黧黑的脸通通涨成猪肝色，但大象纹丝未动。这个庞然大物还既懂礼貌又懂战术哩，它先礼而后兵，采用后发制人的战术，只见它轻轻举步，扭动腰肢，毫不费力便将60个大汉拉了过来。

大汉的队伍变长了，70名、80名、90名，然而大汉一次又一次失败了。胜利者仍然是大象。现在是最后一搏了！大汉增至百名，一百条膀阔腰宽的大汉对一头大象，这一次，到底鹿死谁手呢？呵，大象有点吃力

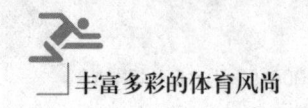

了，它再不能保持雍容华贵的风度，腿微曲、颈轻昂，它抵御百条大汉拉力……一秒，二秒，三秒。哦！大象仍是后发制人战术再度奏效。百条大汉被拉了过去。满场观众为大象欢呼，为它的神力欢呼。

上面这场别具一格的拔河赛发生在泰国素辈的某次象会上。

泰国是个美丽富饶的热带国家，盛产大象，大象早已成为泰国的标志，描绘在泰国的国旗上，每年11月的第三个周末，在泰国的素辈常举行盛大赛象会，它不仅吸引本国人民，而且对世界各地众多游客也有很大吸引力。赛象会上人山人海，热闹非常。当大会宣布开幕时，上百头大象浩浩荡荡步入场中，它们绕场一周，与观众见面。赛象会上，除了上述所说拔河比赛外，还有如"跑象拾物""人象共舞""大象足球赛"等比赛项目。

跑象拾物的比赛是这样：在跑道上每隔10米放一小物件，如火柴盒、香蕉、洋娃娃等，最末插上一面小红旗。众象在起跑线上各就各位，背上端坐着驯象人。一声枪响在驯象人指挥下，大象迅速奔跑，它们用灵活的长鼻顺次将每个物体拣回放到起点，谁先捡回红旗谁为胜。

有驯象人和大象翩翩起舞的场面，还有大象拉秋千。最惊险的是"象跨人身"。自告奋勇的观众成排躺在草地上，让象蹄来检验自己的勇敢。体重数千斤的大象摇动着肥笨的身躯，从躺下的人中间一个个跨越过去，稍有差错有人就会被踏成肉饼。因而，每当大象提起它铁柱般粗大的象腿时，哪一个人的额头上不冒出几滴冷汗呢？

当然，最热闹的是"象足球赛"，足球者，脚踢之球类运动也。倘若用严厉规则要求大象，它们自然不配当足球运动员。但泰国人特别喜欢大象，它们宽容地准许大象用长鼻。在经过训练后，外表迟钝笨重的大象竟也变得灵活机敏了。它们在驯象人指挥下，用脚和鼻子传球、截球，动作憨厚有趣。有位"运动员"好胜心忒强，在多次踢不到球，一怒之下竟用象牙刺破了球。有的"射门运动员"射中一球时，它也兴奋的嗷嗷吼叫……

比赛标准场地95×45米，全场60分钟，分上下两半时，规则大体同人类足球比赛相同，有任意球、点球和角球，每头象上骑一名赶象人，赶象人不准触球，只能给运动员以方向性指导。赛场上观众呼声，赶象人焦急的吆喝声连同大象的吼叫声交织一起。气氛异常热烈，特别激动的是观众，他们的情绪如潮汐一般大起大落，时而狂呼叫绝，时而屏气凝目，时而大笑不已，时而唏嘘叹息，其开心程度达到无以复加程度。

大千世界，无奇不有，除了赛马、赛象以外，还在赛其他动物的吗？有的，例如在千岛之国印度尼西亚马都拉岛上流行的却是赛牛。

坐落在爪哇岛上，地处赤道附近的马都拉岛，四季葱绿，景色秀丽，它好像一颗嵌在爪哇岛上晶莹耀眼的绿宝石。然而，马都拉岛能够吸引世界各地众多旅客的主要不是其美景，而是岛上别有韵味的民间体育活动——赛牛。

赛牛是怎么形成的呢？连岛上德高望重的老人也说不清楚，他们只听说，原来起始只能规模很小的赛牛，只在家族成员和邻居中进行，也没有统一规则。后来比赛规模越来越大，它越过了村界，发展为全岛性体育娱乐活动，并逐渐有了统一的比赛规则。

赛牛分预赛和决赛。预赛在长110米，宽40米的平坦草地上进行。比赛时，一对对训练有素的赛牛分别套在一个木架上，上面站着威风凛凛的驭牛人，一声令下，驭牛人大喝一声，各自挥鞭赶牛，9秒左右时间跑完全程，以牛蹄先越过终点线者为胜牛。

预赛以后并非立即决赛，要等在全岛欢庆丰收的盛典中举行。这是一年中最重要的比赛，也是丰收节日最绚丽的装点。赛牛那天，岛上居民几乎倾巢出动，扶老携幼，合家出门。在喧腾的人海之中，还有不少专程从外国赶来的游客。赛场上热闹非凡，拥挤不堪，赛前，民族乐队高奏乐曲，岛民敲锣打鼓，霎时间形成一种热烈而豪放的氛围。此时，观众都引颈翘首，屏息凝目，注视赛场变化。

看！参加决赛的牛场的牛群各个打扮得多么炫目，披红戴绿，神气活

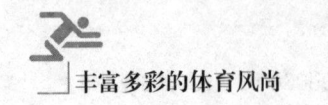

现，仿佛像一群骄傲的公主，它们轻扭腰肢，脖子上串串铜铃发出清亮悦耳的声音。驭牛者个个衣着鲜艳，气宇轩昂。当他们跃上木架之际，谁不想夺得赛牛冠军呢？特别是年青未婚的驭手，更是希望夺魁的荣誉引起姑娘们的青睐。

决赛往往延长到120米，但这点距离不算什么，眨眼之间，形似笨重的赛牛都飞快跑完全程。在阵阵热烈呼声中，观众们争先恐后地奔向得胜的驭者，把他一次次地高举空中，呼喊着他响亮的名字……

沙特阿拉伯于每年3月份举行盛大的骆驼赛跑，比赛地点设在首都利雅得城外。参加比赛的不仅来自全国各地骑骆驼好手，邻近的其他阿拉伯国家也派选手参加。

骑骆驼比赛是由沙特阿拉伯骑术俱乐部举办的，比赛全程22公里，每次比赛都有几千头骆驼参加角逐。参加的选手不仅有平民百姓，也有皇宗贵族、上层人士。

赛象、赛牛、赛骆驼，在东方不少国家，由中世纪发展至今，已经相当广泛的为人民大众所接受。

活马·木马·鞍马

你是否注意到，在体操比赛场上有两样东西模样十分相似：穿着一身黑色皮装，都有四根支架，活像四条马腿。支架的末端还有四个"马蹄"，假若你坐在上面，真好似跨上一匹黝黑的骏马。它们的名字也都有个"马"字，这就是体操器械中的一对孪生兄弟——鞍马和跳马。

你会觉得奇怪，为啥两样器械那么相像，却原来它们的老祖宗是一个活马。这对"马氏兄弟"还有一段有趣的来历呢！

在体操器械中，最古老的器械就是鞍马和跳马。大约在1500年前就问世了。古罗马在公元400年左右就已经用木马进行军事训练了。

在骑士之风的中世纪，骑士不能随便就当上，必须经过骑士教育，教育内容主要是"七艺"即骑马、游戏、投枪、击剑、打猎、下棋和吟诗。在七艺中骑马是教育重点。骑士骑术好坏是通过马上比武"刺中目标""马上放鹰"等项目测验。当时，如果一个人能熟练地掌握骑术，那是很受人尊敬的。往往被称为"侠客"。要学好骑术，先要学会"上马"和"下马"。因此，跳马练习很受重视，不过当时跳的不是"木马"而是活马。当时经常进行跳活马比赛，于是跳马运动便产生了。参加比赛的骑士们，身着骑士服装，手持利剑，然后进行上下马和跳跃活马比赛。有时这种比赛还带有军事挑战性质。1616年，意大利进行一次规模较大的比赛。参加比赛的60多位，人人全副骑士服装，手持剑、棍，在音乐声中，由旗帜引导入场，然后开始跳跃活马竞技。跳跃的马膘肥体壮，由仆人牵着。参加比赛的分甲乙两队，在喇叭齐鸣中摆开阵式，一听到击鼓声，双方即开始进攻，跳越活马，并双方不停扭打，如一方被打落到桥下，在水中仍继续攻打，直到对方服输为止，胜利的骑士英雄，被抬着游行，观众人山人海，好像过圣诞节。

为了夺得比赛胜利，骑士们便聘请专门的"跳马教师"传授技艺。1618年，德国出现不少职业跳马教师，在卡塞尔还发行了跳马专著。

为了跳马教学需要，专职跳马教师不断研究教学方法。于是在1661年便出现了在跳活马前先练跳木马的教学法。人们在设跳活马前，首先用木马进行练习。这种木马和真形活马一模一样，有头有尾，还佩带全套鞍座。这就是马氏兄弟的鼻祖。

木马的产生，对骑士的骑术训练促进很大，但这种马太复杂，不好制造。到了1719年，便有人将木马加以简化把马腿变成直腿，把马鞍变成两个外环形木带。随着跳马器械的改进，跳马技术提高很快，当时骑士们跳木马就已经出现"横分腿腾越"、"纵分腿腾越"动作。

为了训练骑士们身体灵活性，教师不但用木马训练跳越能力，而且还将鞍座变成两个木环，以便训练骑士上下马在及马背上做各种动作的能力。这可以说是"鞍马"的"雏形"。到了1795年，有位叫维斯的人，将木马的头砍去，进一步简化了木马，他称这种器械叫"摆荡马"，顾名思义，主要用这种木马做摆荡练习。直到1818年，德国体操之父杨氏，把木马尾巴也砍去，并在木马上包上牛皮，马上鞍环变成铁环，而且可以卸下来。这样，鞍马和跳马器械的形状基本固定下来。

今天的鞍马，鞍环变成木制，可以卸下来，同时也可以利用马腿的伸缩来调节马的高度。为了更稳定，马肚子下还拉上了固定用的拉链。

你看，"马氏兄弟"就是这样走向世界的。它们虽然有一段难舍难分的经历。至今模样也那么相似。但它们在现代竞技体操中，却是两个技术完全不同的项目。

鞍马是男子竞技体操的一个项目。它是一种支撑摆动和旋转运动。马背上的硬功夫全靠运动员的上肢支撑来完成。鞍马规格是马身长1.60米，宽35—36厘米，鞍马高1.22米。

跳马是竞技体操项目男女均有项目。男子跳马马高1.35米，女子横马马高1.20米。跳马运动是对人体跳跃能力的考验。跳马技术可分7个阶段。当你看到运动员优美洒脱、轻松自如表演时，仿佛感到这个项目挺简单，只有一个动作。其实这一个动作并不简单，没有长时间刻苦锻炼，是降服不了这匹"烈马"的！

红裙艳阳舞斗牛

深沉而悲壮的斗牛士之歌又奏响了。上万名观众一齐将目光投向偌大的斗牛场。门启处，一头重达一千多斤的黑色蛮牛发疯般地冲向圆形竞技场中，它漫无目地地横冲直撞着，片刻之后，却如同浇铸塑雕般地停立在场地中心。这是这一天斗牛赛中的第四头了。它不是无名之辈。肩胛外，赫然而见烫出的编号："9"，这意味着它是一头凶猛善斗、犄角尖利的优良公牛（在西班牙，只有最杰出的斗牛才能编号）。这时，从场边进来了帕吉里，他的身后紧随着两名助手和两名策骑斗士。帕吉里手执长剑，身披黑红两面双色斗篷，微风吹来，被撩起的披风下，露出白蓝相间的紧身斗牛服。他已经36岁，但仍然威风凛然，精神抖擞，在夕阳的照耀下，他那浓眉紧锁、目光炯炯的脸庞，更显英俊。只见他屈膝颔首，引剑向看台的观众致礼，在一片欢呼声中，他向那场中纹丝不动的雄牛转过身去。助手关闭了斗牛场的出入口门闸，斗牛开始了。帕吉里将斗篷解下，用红黑两面引诱着黑牛，那牛围着帕吉里追逐着那红色的披风。蛮牛被激怒了，它径直向着帕吉里冲去，帕吉里轻轻一闪，按照斗牛规则，他现在应当将牛引向立在一旁的斗士了。他做着动作，挑逗着这头发怒的公牛。这头狡猾诡诈的蛮牛，扫了一眼立在场中的其他几位斗士，认准了这个手扯红布、紧握长剑的人是自己的主要对手，于是它不顾一切地又向帕吉里冲去。这是斗牛场中罕见的蛮牛执迷现象。它在帕吉里犹豫躲闪的瞬间，用它的右角穿透横飘在眼前的斗篷，将帕吉里从地上挑起。尖尖的角刺通了紧身甲衣，深深地扎进了帕吉里右大腿右方的腹股沟处。蛮牛疯狂地在场中转着圈子，并且不断地一次又一次狠狠地摇晃着牛头。每摇一次，那锐

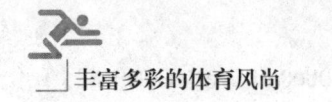

利的角就更深地扎进帕吉里的身体里。帕吉里的鲜血泉涌般地从伤口喷出，顺着牛角流下，迷住了牛的眼睛。然而，帕吉里还没有失去知觉，他在天旋地转中终于抓住了牛的左角，拼足全身最后的力气，在悬空中将牛角从自己身体中推抵出去。随着蛮牛最后一次摇动，帕吉里被重重地摔倒在地上，他的助手一拥而上，将他救了出去。这惊心动魄的场面，仅仅延续18秒钟。

斗牛运动是西班牙等国的民间传统的体育娱乐活动。斗牛勇士需在公众场合与特种烈性公牛进行搏斗，最后将其宰杀。

斗牛运动源于神话传说，在史前期便初具规模，但那时只限于狩猎活动，被刺死的牛，也只是祭神的供品。15世纪末叶，哥伦布发现美洲新大陆，西班牙殖民者一批又一批远征美洲，把斗牛活动传到这一地区。盛行于西班牙、葡萄牙、墨西哥、巴西等国。由于世界各地气候条件的差异，斗牛的季节也有所不同，在欧洲一般是每年3月至10月之间举行，南、北美洲则是在每年10月至次年3月角逐。

斗牛场是一个露天的圆形建筑，四周为观众席，中间就是格斗场，第一排观众席前面有高栏挡住，高栏前面每隔一定距离有一道木墙，危急时，勇士们可在此避险。

根据斗牛的规定，斗牛士的"对手"——烈性公牛必须在4—5岁之间，因为老而无力，小则无劲，这个牛龄正是斗性最旺盛的黄金时刻，搏斗起来场面自然颇为精彩。规则还要求出场公牛的牛角必须是完整无损的。

斗牛士同牛搏斗分为站地斗牛和骑马斗牛两种。前者每场六条牛陆续上场，同每条牛相斗最多三个人参加，斗牛士尽量站在原地，手执红披风逗弄烈牛，使之迷失方向，斗牛士乘机用剑插入牛背继而直入其心脏，使牛直挺挺地倒下去。后者每场有四人陆续参加，先是一人对一牛，然后是两人对一牛，斗牛士骑在马背上，手执长枪，牛见两骑一出场，即低头向骑者冲去，骑者擎长枪对准牛的肩头将枪尖刺入血管，血柱喷得越高，观众喝彩声也就越高，直至牛被刺死为止。据说在葡萄牙的斗牛则是表演后将牛在场外处死。一名优秀的斗牛士人们通常是根据他参加格斗场次以及获奖多少（每次是一至二只耳朵和一条尾巴）来评定名次的。

5月30日，法国的尼斯市。斗牛士马克·塞罗诺在尼斯艺术节上表演时不幸被一头公牛撞伤大腿，尽管有伤，塞罗诺表示仍能继续参加斗牛表演。

斗牛虽然一般来说牛固必败，但人也并非必胜，斗牛士如若失足即刻就会被牛角顶穿腿、肚等处，致使殷殷鲜血从他绣花衣服内洇出来。这时，如果没有助手帮助，他就可能当场死去。西方国家的斗牛士们就是如此大胆地玩弄着自己的性命。前面所述西班牙帕吉里就是这样送掉了性命。供斗牛士拼斗的牛是特殊种牛，由专门的牧场饲养。这种牛膘肥体壮，力大凶猛，头上的两个角更是锋利。没有高超的技术是很难征服它的。优秀的斗牛士能使这凶猛的"庞然大物"在自己的身边转来转去，给人以美的享受。不过，要达到这步需要经过极其艰苦的训练和实践。人们常说，斗牛是玩命的事情，这话一点不假。即使优秀的斗牛士也有被牛撞死的。斗牛士大都是贫苦出身，生活逼迫他们选择这条道路。为了斗牛，他们不少人从小就四处奔波，常常趁种牛的主人不在的时候靠近牛群观察，拿红布挑斗，学习和琢磨技术要领。有的人则是在晚上偷偷地爬进牲口栏里学习斗牛的。轮到上斗牛场实习的时候，往往冒着巨大的风险，不少人年纪轻轻就失去了宝贵的生命。

在西班牙，有各种各样的斗牛公司。公司老板与斗牛士订立合同，从中进行剥削。斗牛士还要付钱给他的助手和赞助人，实际收入并不多。

西班牙是著名的国际旅游地，外国游客非常喜欢看斗牛。斗牛票相对来说也就比较昂贵，最便宜的一张价值600比塞塔（约6美元），最高的要2000比塞塔（20美元）。每年仅斗牛一项就可为国家挣得一笔数目可观的外汇。西班牙电视台每星期组织专题斗牛节目，电台每天晚上都要报道评论一天的斗牛情况，至于报界反映斗牛的文章就更多了。在每年的3月到

丰富多彩的体育风尚

10月的斗牛季节里,每天都有斗牛活动,一般情况下主要集中于星期六和星期天。全国各地有上千个活动斗牛场和固定斗牛场。最大的固定场地设在马德里,能容纳两万观众。斗牛活动非常准时,西班牙人曾经风趣地说:"我们这个国家唯一准时的活动就是斗牛。如果干其他事情也像斗牛那样守时就好了。"

一场斗牛需要两个小时的时间。两个小时内,三名斗牛士每人斗杀两头斗牛。在场的裁判委员会根据斗牛本人施展的技术和观众的反映评奖。如果场地里白手绢多,那说明观众对斗牛士满意;如果场地里白手绢少,那说明观众对斗牛士反映一般。每个斗牛士有5名助手。其中3名负责拿着篷布挑引牛在场地里奔跑,另两名负责向牛背上插带有花纸彩带的短箭。插箭之前,还有一个人骑在披有盔甲的马上挑引牛向马碰撞,他手持红缨枪,向牛背上扎刺,经过上述程序后,斗牛士才正式出场。只见他身穿盔甲式色彩鲜艳的服装,头戴黑色三角帽,手里拿着红布,迈着武士式的步伐向观众致意。那受伤的牛发疯似的拼命顶撞斗牛士手中的红布,几乎擦着斗牛士的身边而过,而斗牛士却利用他娴熟的技巧把牛戏弄得团团转。这个时候是斗牛的高潮,观众对斗得好的斗牛士总是大加喝彩。斗了几个回合后,斗牛士便向裁判委员会主席索要宝剑,要到宝剑后,即对着牛的两条前腿之前的颈背部猛地一刺,刺得好的只看见剑柄露在外面。这只剑一直扎到牛的心脏,牛在受到致命伤后便摇摇晃晃,然后倒在地上。这时有人从场外架着古老的马车进入,把死牛拖走。一头牛斗死了,接着是第二头、第三头,一直到第六头。每个斗牛士斗死一头牛后休息一段时间,三个人交替上场。

斗牛士用的篷布是红、黄两色,那是因为西班牙国旗是红、黄色。由此可见斗牛在西班牙被重视的程度。

目前,西方国家的斗牛活动已愈来愈盛行,然而造成的灾难也越来越严重。它已成为赌钱、舞弊以及招揽游客的一种方式,有关报道透露,看一场斗牛的门票最低50美元,高的可达200美元。随着舞弊行为的出现,观看斗牛赛的人越来越少。所谓舞弊，常见的就是在斗牛之前，向公牛喂带药性的饲料，使牛在赛场上失去格斗能力。还有在斗牛士所带的刀剑尖端涂上一种药，一旦将剑刺入牛体就能使它麻木无力。如此种种，斗牛的精彩场面如何能出现。

出现这种舞弊行为又与赌钱分不开。斗牛的赌风虽然历来就有，但越来越严重。往往赌的数额高达上万美元。为了自己赌胜，必须设法使对方输掉，有的从牛身上下毒手，有的在牛角上涂上毒性药物，一旦刺伤斗牛士，人就无法挽救了。上述这些赌风，舞弊风，为传统的体育娱乐活动蒙上一层阴影。

跨越·俯卧·背越

跳高作为田径运动比赛项目之一，随着过杆技术的不断更新，横杆的高度也在不断增加，世界跳高纪录保持者索托马约尔和科斯塔迪诺娃创造的纪录分别为2.45米和2.09米，成为目前世界上跳得最高的人。但是要知道，人类今天能跳得这样高，是经历了漫长的岁月的。原始人采集果实和追捕野兽时，往往要跳过土坎和矮小的荆棘丛等障碍物，这种跳跃能力便是跳高运动产生和发展的最原始的基础。中世纪时，跳跃已成为骑士最基本的技能训练。在我国春秋战国时期，各封建主就把跳高列为训练士兵的手段之一。公元1774年，德国培斯都学校把跳高作为一种训练学生的手段，后来，英国把跳高列为体操比赛项目之一。

跳高被正式列入田径比赛项目是在1864年，当年在牛津大学同剑桥大学的一次对抗赛中，英国人柯奇用"跨越式"跳过1.70米的高度，创造了男子跳高世界最好成绩。由于跨越式跳高是两腿先后跨越横杆，身体重心

丰富多彩的体育风尚

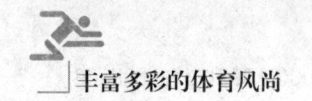

离开横杆比较高，因此效果较差。

随着田径运动的逐步发展，出现了不断革新的跳高姿势，法国人蒙纳德发明了"剪式"跳高，其过杆时两腿上下剪绞和上体侧倒是同时进行的，重心离开横杆较跨越式低，因此剪式的出现，使跳高技术有了进一步的发展，1896年美国人斯维尼用"剪式"创造了1.97米的世界最好成绩，在第二届奥运会上跳高选手马克拉斯侧对横杆，几步富有弹性的助跑，一个漂亮的起跳动作，只见摆动腿上杆、内旋、下压，起跳腿外转、绕杆，两腿形成一个"剪刀式"跃过了1.90米的横杆，获得跳高奥运金牌，从此，"剪式"跳高姿势从美国东部风靡全球。

20世纪初，美国人霍林首先创造了"滚式"跳高。在第8届奥运会上美国跳高运动员奥斯本越杆方式独特，只见他侧面助跑，用靠近横杆的腿起跳。腾空后，摆动腿作一个有力的上摆内旋动作，踏跳腿随即屈髋弯膝贴胸，整个身体侧卧在横杆的上空，当他的起跳腿和双手落入沙坑时，1.98米的横杆纹丝未动。"滚式"的出现不能不说是跳高运动发展史上的一次重要的技术革命，滚式也叫西方式，后来还派生出"潜入"式滚式和"侧滚式"滚式。然而，事物总是不断发展的，旧的，落后的技术总是被新的、先进的技术所代替。1923年苏联运动员伏佐洛夫采取了一种俯卧在杆的过杆姿势，当时被称为"骑杠式"。这种姿势身体重心离横杆的距离较近，能充分利用身体腾起的高度，被认为是比较优越的跳高技术之一。从美国运动员阿尔布列顿于1936年创造的2.07米的世界纪录，到1978年前苏联运动员亚辛科跳过的2.34米，俯卧式历经40余年。

背越式跳高是1965年开始出现的，美国运动员福斯贝里创造了这项新的跳高技术。在1968年的第19届奥运会上，男子跳高比赛出现了奇迹：美国运动员福斯贝里用一种奇特的姿势跳过2.24米横杆，夺走了这个项目的金牌。当年仅21岁的福斯贝里站在横杆前时，观众的目光都集中在了他的身上，整个运动场上鸦雀无声。福斯贝里面对横杆，在左侧做弧线快速助跑，起跳以背对横杆的姿势飞过了横杆。由于他的跳高方式独特，使全场观众耳目一新，各国教练认为此招大有发展潜力，而且其动作简单易学，赛后各国选手纷纷效仿。当时，从前称之为福斯贝坦克式跳高，后来才根据它的形象动作改称为"背越式跳高"，这种姿势充分利用身体的腾起高度，简单易学，便于开展。

然而，这个风靡世界田坛的新招式的发明却带有一点喜剧性和偶然性。11岁的福斯贝里在家乡小学就读时，在一次体育课上，体育教师组织孩子们跳高，思想开小差的福斯贝里突然被体育老师叫到横杆前，他面对老师，背对横杆，一副窘态，把老师所教的过杆姿势全忘了，他急中生智，顺势就地腾起，奇迹般地跃过了横杆，四脚朝天倒在沙坑里，引起了同学的哄堂大笑，背越式跳高姿势就是如此偶然性地产生了。从此，在这位体育教师的悉心指导下，福斯贝里的动作日臻成熟。在奥运会上他终于把这个新招式奉献给国际田坛。

目前，有人正在研究一种与背越式相反的，前屈体鱼跃过杆的新姿势。可以预料在今后几年内，男子跳高将是竞争最激烈的一个项目，到本世纪末，人类将完全有可能越过2.50米横杆。

石块·秤砣·炮弹·铅球

1896年，首届奥运会，铅球就被列为正式项目，当时的纪录是11.22米。1912年在瑞典举行的第五届奥运会上，还试行一项新鲜的推铅球比赛；选手先用左手推一次，再用右手推一次，两次成绩加起来计算总成绩。当年美国选手鲁斯获得冠军，成绩是27.70米。

1909年时，男子铅球最好成绩是15.54米。19年后德国选手以16.04闯过16米大关，又过26年，铅球纪录连闯17米和18米大关。1960年8月12

日，世界纪录终于达到了20.06米，从此男子铅球开始进入新纪元。1978年，东德选手创造了22.15米新纪录。现今纪录已接近或超过23米。科学家们根据现有人体各项数据分析，指出男子铅球成绩可达到26.82米。

女子铅球是开展较晚的项目，正式女子铅球世界纪录是1934年德国选手毛庖迈耶创造的14.38米。1950年，苏联运动员安得列耶娃第一个突破直5米大关。1972年在慕尼黑运动会上，苏联运动员创造了21.03的世界新纪录。1980年莫斯科奥运会上东德选手以22.32米成绩夺冠。专家们认为女子铅球极限成绩为25—26.50米。

从运动形式来看，铅球运动的前身是古代的石块投掷。在石器时代，一块普通的石块，既是工具，又是武器，随手拣起一块小石子，就可以扔向猎物。

在中世纪，德国日耳曼人就已经有投石块的竞赛，这种比赛石块重量大约是15.30—50磅之间不等，每块石头要投3次。最初是原地投，后来发展到助跑投。在美国，使用的器械是一块方型石块，重7公斤，为避免石块触地砸碎，还用金属把四角包住。据记载：1876年，一个名叫鲍尔迈尔的选手，曾创造过9.88米的成绩。

在英格兰，农民在赶集时，常常用秤砣来参加比远竞赛。秤砣是集贸市场上主要衡器——称物附件，取材方便，加上集市上人数众多，年轻人中的"大力士"也想趁此机会大显身手，于是人们就自动地围成一圈，比赛就可以进行了。因而，秤砣也就成了一件有趣的运动器械。

现在我们使用的铅球，重7.257公斤（16磅），铅球为什么7.257公斤重？这里也还有一段来历。

从投掷物来看，铅球的前身应是炮弹，早在1340年，当时就有圆形炮弹，炮兵们喜欢在搬运炮弹过程中以推来推去取乐和比劲。当时的炮弹重16磅（7.257公斤），按这个重量后来制成了灌了铅的铁球作为比赛器材，也就是今天的铅球。

正式使用这种铁球投掷，是1865年，英国牛津大学与剑桥大学举行对抗赛时开始的。1875年又将铅球重量定为7.26公斤（男子）。

自1886年记载了第一个铅球纪录以来已有110年历史，铅球成绩由10.26米，提高到今日近23米（男子），可以认为，铅球纪录提高主要是由于投掷技术的改善。

最初是侧向滑步推法：两脚像跳过投掷圈似的侧向移动，几乎只靠胳膊投掷，身体高大的运动员更是如此。这种方法是1896—1910年期间的推法（A）。继而采用半侧向滑步推法，身体稍背向滑步，上体稍扭转，这种方法盛行于20世纪40—50年代（B）。随后产生了背向滑步推法，靠上体抬起和大幅度转腰加长工作距离（C）。

现代投掷技术，进一步加大了上体抬起和腰部扭转力量，这就DEF所示投法。

近些年又出现"铁并式"旋转推法（C）所示。苏联运动员巴利修尼克夫和美国的奥特菲而特就是采用这种掷铅球技术。百多年来，铅球掷法的演进过程，说明了运动技术的改善随着体育科学的发展，进展速度是相当快的。这也是铅球运动成绩大幅度提高的基本原因。

跳沟·爬竿·撑竿跳高

1904年的奥运会在美国的圣·路易斯城举行。奥林匹克赛场上，运动员们你追我赶，热闹非常。在撑竿跳高架前各国运动员龙腾虎跃，比赛异常激烈。轮到日本选手佐间代·富士试跳时，只见他从容不迫地走近沙坑，把手中的撑竿一端，深深地插入黄沙内，紧接着富士用双手抓住竖直的竿子，一股劲往上爬，一直爬到超过横竿的高度，他才越过横竿，从撑竿上跳下来。富士这一突如其来的举动弄得场上观众莫名其妙，裁判员彼此瞠目相觑，不知所措。后来，评判委员会召开紧急会议商定，不承认富士的比赛成绩。同时规定，凡撑竿者，必须先有一段距离助跑。评判委员会的这一决定，当时并未难倒这个精灵的日本人。富士退回到原来的地方，开始朝沙坑方向助跑。到了竖立的竿子前，他又重新沿着竿子攀爬，然后越过横竿跳下。评判委员会又不得不再次商量对策，做出补充规定：撑竿跳高时，运动员不得交替使用双手爬竿。这条规定一致沿用至今。不过撑竿跳高在其发展史上确实经历了一段爬竿过横竿的阶段：18世纪中叶，德国学校体育教材出现了撑竿跳高，那时跳法是把装有金属三股叉的又长又重的木杆插在地上，运动员迅速沿竿爬上，当竿子要倾倒时，便很快越横竿，落在铺有沙子的地面上。当时最好的成绩是3.05米。日本人富士可能受此启发才在奥运会上做表演吧！

实际上，撑竿跳高确实渊源悠久，古希腊是撑竿跳的摇篮，那时，撑竿是供游戏和跳过壕坑而用的。比利时的蓝得村和法国诺曼底地区村民，古代跋涉中常常借用携带的杆棒，一端支地，纵身跃过泥潭沼地。在英国，每当民俗节日，撑竿子跳跃田间的小沟，是男男女女十分喜爱的一种节目助兴娱乐。保加利亚把撑竿跳称为"阿夫契尔"，意思是牧童似的跳高。古俄罗斯和普鲁士士兵，在行军中，也总是利用手执的长矛跨越道路上的各种障碍物。

最早的撑竿跳高是在中世纪节日庆典活动上和骑士比武的赛场上。世界上第一个有记载的撑竿跳成绩是1.83米，这个纪录由一名叫蒲茨的德国人于1789年创造的。

撑竿跳高比赛的成绩由中世纪的1.83提高到今日的6.20米，这同器材的改革和技术发展有密切关系。

由19世纪开始撑竿跳高被列为专门的运动项目。1898年美国选手克拉普发明了插竿技术，1906年开始又采用了摆体技术，这有力地促进了撑竿跳技术的发展。就在这一年美国选手萨姆萨跳过3.78米，不过这时撑竿跳用的撑竿同我们现今比赛中所看到的撑竿截然不同。当时所谓的撑竿其实只是一根又粗又重的松树树干，后来经过人们的不断改进，撑竿才变得细圆轻巧起来。

从1909年开始，世界上广泛采用竹竿跳跃。美国运动员斯科特是世界上第一个用竹竿跳过4米大关的人。过了一年，即1910年斯科特又跳过4.015米，而另一名选手赖特于1912年跳过4.02米，这个高度就成为第一个世界纪录。因为大部分田径纪录从1912年开始记载。

1924年第8届奥运会正式采用木制穴斗和沙坑，从此撑竿跳高进入一个新的发展阶段。美国运动员沃梅尔达姆用竹竿创造了4.77米最好成绩。30年代开始，世界采用了金属竿进行跳跃，撑竿跳技术又有了新的改进。1960年，美国运动员布拉格以4.80米成绩创造了金属竿最后一个世界纪录。

竹竿虽比木竿强了许多，但却存在着无法弥补的弱点易受天气温度湿度的影响，当天气潮湿时，竹竿会因水分增多变得过分柔软；天气干燥时，它们又变得格外脆弱，正因为如此，每次比赛前都要反复试上一番。此外，在使用时，木竿和竹竿都易折断，因此造成不必要伤害。因此在第二次世界大战后撑竿开始出现金属撑竿（铝制多）。金属竿虽然克服了竹竿、木竿带来的弊端，但也带来新的问题，那就是金属虽不易折断但缺少良好韧性，也对改进撑竿跳技术不利。1948年玻璃竿首先在美国问世。但因最初质量不佳，使用人不多，也未曾显示出优越性。不过1960年国际田联正式承认玻璃竿为合法用竿。从此各国锐意创造开发新材料，使选手采用各种更科学的撑竿冲击世界纪录。真正使撑竿跳高纪录腾飞的还是玻璃纤维竿，它具有竹竿所有优点，又能克服金属竿插地时冲击力大的缺点。在整个金属竿时代的19年中，仅使撑竿跳高纪录提高6厘米，然而玻璃纤维竿出现不久，1960年美国尤尔塞斯用这种竿飞越了4.98米，打破了"人体极限不能跳过4.87米"的极限说。从此撑竿跳成绩，随着玻璃纤维竿材料工艺的改进，其成绩突飞猛进，30几年来，撑竿跳成绩提高130厘米以上，这是撑竿跳高运动发展的胜利，也是高科技渗透体育竞技的胜利。现

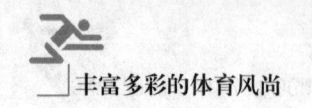

今，乌克兰运动巨星布勃卡已非正式地跳过 6.20 米高度，而且他表示还能再度打破这个纪录。

小桥牌大门道

桥牌是用扑克牌进行的一种智力性娱乐游戏。它在世界上是影响极大的智力性项目，在国际上有奥林匹克和百慕大比赛。它的基本活动形式是 4 个人分成两对围坐一桌进行竞赛，先通过叫牌确定以什么花色为将牌，打什么定约，然后经过打牌来检验是否完成了定约。完成定约的得奖分，完不成的受到罚分，最后以得分多少定出胜负。

桥牌与棋类活动不同，它不能单兵作战，必须结成对才能进行活动。因此它不仅可以从多方面锻炼人们的智力，同时可以陶冶情操，培养与同伴合作共事的精神，以及良好的道德风貌。因此，桥牌是一项高尚文明很有益的智力竞赛项目。桥牌的另一特点是它是在半明半暗的情况下进行的，每位牌手能确切地掌握部分牌情，但不能了解全部牌情，这就需要进行分析思考、推理判断。正是这种半明半暗的状态会有效地锻炼人们在复杂的情况下去找到取胜之道，同时也会使人感到趣味无穷。

桥牌是起源于英国的一种惠斯脱扑克游戏，18 世纪流行英国，它是由 4 个人分成两对进行竞赛。52 张牌每人分持 13 张，每副牌分发的最后一张牌被定为将牌花色，由发牌人的左方出第一张牌，4 个人均为暗手，没有明手。一方赢得 6 墩的为基本数，超过基本数的每一个赢墩 1 分。以后逐渐发展成惠斯脱桥牌，它不是由最后一张牌决定将牌的花色而是由发牌人或其同伴选定将牌花色或无将，还规定明手摊牌，并增加了加倍，再加倍，而且对完成不同的定约给予不同的奖分。

到20世纪初发展成为竞叫桥牌，将牌不是指定的，而是通过双方竞叫产生出来的，开始把叫牌引入这一游戏，这就为现代桥牌打下了基础。1925年美国的范德（Vandcrbilf）总结设计出桥牌的计分和比赛方法。1929年美国的克柏森（Culberston）又制定出定约桥牌国际规则，并于1932年由几个桥牌盛行的国家的代表开会通过，开始实施。克柏森同时系统地总结了桥牌的叫牌方法形成克柏森叫牌体系。到了50年代美国的戈伦（Goren）创造以计点法计算牌力的戈伦叫牌法，成为世界各地流行的自然叫牌体系。以后进行过不断的改进，又出现多种定约桥牌的叫牌体系。如意大利的蓝梅花，英国的艾珂尔，美籍华人魏重庆创造的精确叫牌法，以及波兰的弱开叫叫牌方法等，同时也相继产生了许多约定叫牌和多种出牌、跟牌信号，在桥牌的技巧和理论上都有进一步的提高。

随着桥牌活动的迅速推广，相应产生了各种桥牌组织和俱乐部，并开始举行国际比赛。1958年世界桥牌联合会成立，定期举办世界性桥牌比赛，每逢单数年举办百慕大杯男子世界桥牌赛。1974年开始每2年举办威尼斯杯女子桥牌赛，每隔4年举办奥林匹克世界桥牌锦标赛。参赛的各国选手都是经过各地区选拔产生。到了80年代百慕大杯和威尼斯杯逐渐扩大范围，而且每届同期举行。1995年在北京举行的世界桥牌锦标赛共有16支男队和16支女队参加了比赛。分为预赛、1/4决赛、半决赛和决赛4个阶段进行。美国男队和德国女队在这次世界桥牌锦标赛上分获百慕大杯和威尼斯杯。

桥牌比赛的项目随着参赛人员的增多也逐渐增多，除队式比赛外有双人赛，单人赛，男女混合双人赛，瑞士移位队式赛等，还有各种通讯赛，能使不同地区的牌手在同一时间进行比赛，比赛方法逐步健全丰富，又进一步推动了桥牌活动的发展，估计当今世界上打桥牌的人已超过一亿。

桥牌在20世纪30年代开始传入我国，但那时活动面不广，仅在少数知识分子中流行。到70年代末期，在国家体委的组织推动下，我国桥牌活动才得到较快的发展，1980年成立了中国桥牌协会，各地也建立了相应的桥

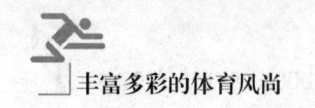

牌组织和俱乐部，积极组织开展桥牌活动，不久便开始参加远东地区的选拔赛。中国女队于1991年在日本横滨举行的第8届威尼斯杯赛上获得第3名，取得了历史性的突破。中国男队于1993年获得远东选拔赛的出线权，以后进步很快。1995年，于北京举行的世界桥牌锦标赛中，中国男女队都打出了好成绩，中国女队获威尼斯杯第4名，中国男队获百慕大杯第5名。中国的桥牌水平较之欧美等桥牌流行早的国家有一定差距，但在近10年进步很快，已步入世界八强之列。

水上芭蕾话春秋

风光迷人的天鹅湖畔，森林幽静，湖水澄碧，四个扮演小天鹅的演员，伴随一支活泼优美的乐曲，挽手并肩起舞，音乐是那样的清新明快，舞步是那样的刚健轻巧。这就是我们看到的世界著名的芭蕾舞剧《天鹅湖》第二幕里一个精彩的片断。那优美动听旋律，那灵巧多姿的芭蕾舞足尖，曾打动了多少观众的心啊！可是你知道吗，芭蕾舞除了在舞台上表演之外，还能在水里表演哩！在1984年的奥运会上，将把水中芭蕾（也叫花样游泳）列入正式比赛的项目。

花样游泳，它在美国和加拿大叫"同步游泳"，在法国和德国叫"艺术游泳"。于20世纪20年代起源于德、英等欧洲国家，30年代传入美国和其他一些地方。目前，大约有20多个国家和地区开展了这个项目。

早年的花样游泳只是在水中表演一些动作变化，没有音乐伴奏，也不进行比赛。后来才逐步发展，并配上音乐。花样游泳传入美国后不久，美国游泳界的一些人做了很大努力，把它培育成一种纯运动项目，"花样游泳"这个名称也就是在这个过程中定下来并流行开来的。美国在1942年出现花样游泳比赛，1950年开始举行全国锦标赛，1955年美国成立了"水上艺术学院"，同年，泛美运动会把花样游泳列为正式比赛项目。1956年国际游联把花样游泳定为它所管辖的四大水上项目之一，并为之制订了国际比赛规则，但在国际范围内仅限女子参加比赛。第一次正式的国际比赛于1958年在荷兰举行，有9个队参加。

1973年，第一次世界花样游泳锦标赛在南斯拉夫贝尔格莱德举行。参加这次比赛的有来自15个国家86名运动员，其中欧洲国家有：英国、法国、西德、瑞典、挪威、瑞士、西班牙和奥地利。花样游泳的大型比赛除世界锦标赛外，还有世界杯赛。第一届世界杯花样游泳赛，是于1979年8月31日在东京举行的，这次比赛美国队以34分的总成绩获得第一名，加拿大队名列第二，第三名日本队得27分。

花样游泳的动作千姿百态，造型优美，它把传统的游泳动作艺术化，把潜泳、仰泳、侧泳、踩水动作与自由体操、技巧、舞蹈，特别是芭蕾舞中的优美动作融为一体，加以升华，形成既刚健又柔和的艺术奇葩。它是优雅、韵律、表情和水上技巧美的结合，所以人们又称为水上芭蕾。

根据国际游联规定，花样游泳仅设单人、双人、团体（48人）三项比赛，分自选动作和规定动作两部分进行。比赛评分方法类似体操。评分因素是：1.舞蹈设计、难度、价值；2.是否与音乐节奏同步，集体项目时队员之间的配合如何；3.动作的表现力；4.音乐效果。

水上芭蕾舞比舞台芭蕾舞有更大的难度，运动员在3米深的水中不停地踩水、潜游，没有一瞬歇息；运动员经常头脚倒立、上下翻转，在水下既要追随音乐旋律，又要与舞伴的动作协调一致，巧妙地掌握屏息和呼吸，保住队列的图案和造型。

裁判按动作的连贯性、难度系数、音乐配合、服装设计、表演体态、合理使用场地等标准评分，用规定动作和自选动作两个阶段得分之和评定优劣。

在第23届奥运会上，一项新的竞技——花样游泳，像出水芙蓉一样，

丰富多彩的体育风尚

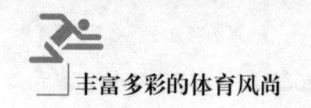

强烈地吸引了观众。

有着水中芭蕾之称的花样游泳,把女性的形体美展现在清澈、晶莹的碧水之中。花样游泳运动员通过游泳动作把千姿百态的花样动作连接起来。她们有时似火鹤气宇轩昂而伫立,有时似苍鹭兴高采烈在戏水,有时似剑鱼轻快自由穿梭,有时似海豚灵敏果敢的飞行。她们显示的不仅是富于魅力的花样游泳的美,而且显示的驾驭自然的能力。她们,健美的花样游泳运动员,才是真正的出水芙蓉。

目前开展这项运动较普及的地区和国家有:美洲、东欧、北欧,以及新西兰、澳大利亚、墨西哥、日本等二十多国家,其中美国、加拿大、日本水平较高。

空中芭蕾展风采

创造这一奇迹的是瑞士跳伞队77岁跳伞队长雷孟德·吉米与他的三伙伴。他们曾于1984年秋在南洋举行的国际跳伞比赛中,密切合作,夺得跳伞自选动作的冠军。飞车跳伞是他们夺冠15天后在南非攀登又一次跳伞运动史上高峰。

那一天,天气非常晴朗,雷孟德·吉米和他的伙伴们身着自行车运动员服装,头戴深红色保护帽,手扶红色轻便赛车,两个降落伞包分别系在他们身后自行车把上,他们精神抖擞,信心百倍地登上一架海格立斯L100—30型飞机。当飞机飞到5000米高空时,速度慢慢减到每小时300公里,运动员们准备就绪,静静等待在舷舱口,这时,吉米带头与他的三个伙伴一个接一个地骑在自行车上,从舱口跳出。令人担心的事一开始就发生了,吉米由于没能控制住手中自行车,加上下落速度太快,自行车在空中急速地翻跟头。吉米仰面朝天，急速下跌，1000米，2000米……但吉米毕竟是一名久经沙场的跳伞健将，他沉着应战，竭尽全力，终于在离地2600米时，将车翻过来，在距地面还有600米时，他快速打开自己身后和自行车把上的降落伞，为了避免两个伞绞在一起，他拼力将自行车推开。最后人和自行车安全落地。与此同时，其他三名运动员也安全降落，"多么扣人心弦的一幕"，在场的人们不禁动情高呼。

后来吉米和他的伙伴还进行了第二次、第三次表演，他们在空中时而一人举起一辆自行车，时而两人举起一辆自行车，像燕子一样做出各种惊险的特技表演，吉米和他的伙伴所进行的表演是跳伞运动中的一项，归属于特技跳伞。过去世界各国都采用大姿势降落（未能开伞前的下落），这种姿势是面向下成水平、四肢尽量分开伸出，展腹、抬头、挺胸。近十几年，世界已不再追求坠落稳定性，而是把可操纵性放在首位，从而出现小姿势降落，包括盘旋和跟头。而吉米和他的伙伴所表演的骑自行车跳伞，就代表了当代特技跳伞的发展方向。当然这是一种自选动作，正式比赛有规定动作，以完成时间短者为胜。落伞得到重大发展，特别是翼形伞问世，大大提高了降落伞操纵性能，大大减少了风对伞的影响，从而极大地提高了降落伞的机动性能、着陆性能和准确性。翼形伞就是柔式滑翔机翼，它不是靠空气的阻力减缓人体下降速度，而主要是靠翼伞在运动中产生的升力来减少人体下降速度。同时这种翼形伞也便于操作控制，还具有灵活转弯性能，因此可以说翼形伞的创造是跳伞运动的一次历史性突破。

在跳伞运动中90年代初新开展的项目：造型跳伞，颇受世人关注。这项运动发展极快。造型跳伞分十人速度造型、最大造型、连续造型三种，每一项世界纪录均一破再破。就以最大造型来说，是由一架或数架飞机在4000米高度上跳离飞机，在较长时间的自由坠落中组成一个人数多，形状大、规模壮观、图案清晰的造型。1979年世界男子纪录为32人，女子为20人。而到了1996年7月，由美国创造百名跳伞员自由降落编队成功。百名

丰富多彩的体育风尚

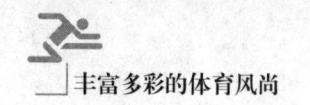

运动员乘飞机到15000英尺高空，然后纷纷跳出机舱，用61秒时间完成编队，而且保持编队6.67秒。创造了百名跳伞员自由降落编队的世界纪录。

跳伞运动既是现代运动又是一项具有三百多年发展史的运动。早在1628年，意大利监狱里有个名叫拉文的犯人，他想找个机会逃跑，可是当时监狱是个很高的堡垒，于是他偷偷找到一把雨伞，在夜里用许多细绳把雨伞的每根幅条系住，把小绳的另一头攥在手里，然后抱着雨伞使雨伞张开跳了下去。他的这次冒险却成了人类跳伞的开始。跳伞的成功，使航空家发生很大兴趣。1785年，法国人白朗沙尔用重物和狗进行试验，从气球上带伞下降，获得成功。1797年法国飞行员背着自己设计的降落伞，从700米高的气球上跳下，顺利完成了第一次跳伞。1912年，美国人圣路易进行了新奇试验，在飞机上利用自动设备张伞下跳安然落地。

第一次世界大战，飞机参战了，飞行员配备了降落伞；1918年6月，飞行员第一次失去操纵的飞机，跳伞，保全了性命。1919年，美国人伊尔文从600米高空跳下，离地200米才开伞，人类首次延迟拉伞成功，以后跳伞运动便在世界范围内蓬蓬勃勃发展起来。

揭秘高原大赛

一提起墨西哥，人们首先会想到那节奏明快的"墨西哥草帽舞"和墨西哥人色彩缤纷的民族服饰。第十九届奥运会就是在这个美丽的山国举行（1968年10月12日至27日）。

随着墨西哥经历的"经济奇迹"，墨西哥迅速发展起来。1968年，这个海拔2240米的高原城市，已拥有650万人口。中部美洲的独特风光、丰富多彩的文化、名胜古迹、音乐舞蹈、风土人情对世界青年有一种妙不可言的诱惑力。

能容纳10万观众的"阿兹特肯"运动场，设计独到，小汽车可直开到包厢门前。这一切，使这次奥运会又创造了一种新纪录：例如观众人数高达445万，参赛国和地区超过100个，达到112个，运动员达6082人。

早在1955年，泛美运动会就曾在这里举行，科学家们当时已得出结论：海拔2200米以上高原地区的稀薄空气，有利于400米以下径赛项目成绩。缺氧则不利于中长跑，高原条件对垂直跳跃项目和投掷项目出成绩也略有影响。比之上届东京赛场（海拔6米）本届赛场如上青天。各国的教练员和运动员意识到面临的新课题，纷纷参加高原训练营和适应性训练。法国海拔1800米的枫特罗莫和瑞士著名阿尔卑斯山疗养地圣莫里茨的高山运动场，一时成了欧洲各国选手的云集训练中心。美国人则前往加州南部高山，在那里甚至修建一个有塑胶跑道的集训地。苏联运动员也上了山，干脆在海拔1562米田径场上进行全苏锦标赛。本届大赛表明，墨西哥城主办奥运会是称职的，它产生一批奇迹般的世界纪录，导致奥运会的"成绩爆炸"。1968年10月12日，在21响礼炮声中，墨西哥总统奥尔达兹莅临大会。112个代表队入场式超过预计的42分钟。人们说，这次入场式犹如一次世界时装表演。6位穿着和服的、浓妆艳抹的日本姑娘，手持丝织的奥林匹克旗帜，朝站在她们对面的6位墨西哥女郎走来。上届东道主东京市长把旗帜交给国际奥委会主席布伦戴奇，然后转给墨西哥市长。分散在场内的童子军把4万只气球放入天空，在欢呼声中，墨西哥女子田径运动员巴西莉欧健步跑了进来登上圣火台，点燃了奥火。

在田径比赛中，美国尖子选手海因斯以9秒95的成绩打破男子100米世界纪录，这个成绩保持15年之久。

美国运动员史密斯以19秒83的成绩打破男子200米世界纪录，这个成绩保持11年之久。

美国选手伊万斯以43秒86的成绩，打破世界男子400米纪录，这个成绩保持近20年之久。

丰富多彩的体育风尚

男子跳远"进入21世纪的一跳"。美国黑人运动员比蒙以8.90米成绩打破世界纪录。比1967年苏联选手创造的8.35米世界纪录，一下子提高55厘米，简直令人难以相信。比蒙跳出这个成绩后，裁判员先用钢尺仔细丈量，因为安装在沙坑侧面的长度读数没有这么远标记。当大型电子成绩显示牌出现8—9—0时，比蒙向空中跳起来，接着又跪在地上，吻着地面。由于比蒙这一跳，所有选手都惊呆了。比蒙这神话般的8.90米世界纪录竟保持23年之久。

比蒙这成绩之所以认为是超自然的，是因为多年以来打破跳远世界纪录的速度一直很缓慢。1901年，一位爱尔兰人跳出世界纪录，这一纪录直到20年后才被一美国人打破。过了14年，由欧文斯1935年改写了纪录，又过了25年欧文斯纪录才告终结。此后人们猜想比蒙这一"世纪一跳"也许永远没人能超过了。可是人们期待的一刻终于来临了。1991年8月30日，美国人鲍威尔跳出了8.95米。比蒙闻讯和蔼地笑着说："我那一跳已远远走在时间前头，它几乎被带进21世纪。"

非洲田径的崛起，这是本届奥运会又一特点。本届各大洲前8名名次累计表明：冠军欧洲获14个，而非洲获15个。很多预言家认为，非洲运动员这种席卷之势在以后奥运会上还会持续扩大，第3世界国家选手正成为国际体坛一支新兴力量。

男子跳高金牌属于美国运动员福斯贝里。他以新奇的背越式技术跳过了2.24米。本来，这一成绩当时只能算第3位。苏联的布鲁梅尔的2.28米，中国的倪志钦的2.27米算第1、2位。遗憾的是前者因伤告别田坛，后者却未能参加奥运会。福斯贝里这一成绩自然也就夺得桂冠。

日本男子体操健儿在本届获大胜。自罗马奥运会以来他们三次夺得团体赛冠军。日本队头号人物加滕泽男，本届获三金一铜；中山彰规获四金一银，是墨西哥奥运会获奖牌最多的运动员。本届女子体操皇后是斯洛伐克的卡斯拉芙斯卡，她一人独得六枚奖牌，是本届奥运会成绩最卓越的运动员。她出色地完成一系列高难动作，姿态优美，给人以高度美感。国际体操联合会主席甘德说:"体操艺术征服了一个新世界。"

滑翔青春

　　北京的城西侧公主坟,它早已是北京西侧的一个交通枢纽,街心是一个巨大的环岛,环岛东侧铺设了一条近百米长、20米宽的水泥步道,现在此处已经成为北京市滑板中心。平日的下午和节日的全天这里总有人专心致志地滑,也总有人津津乐道地看。

　　滑板是什么?滑板是一块宽约15厘米,长50—70厘米两端呈圆形的板,在板下面靠两端处各装一对小轱辘,人们可以在平地上借助蹬地后的惯性站在板上滑行,也可以在有一定起伏的地方,借助斜坡下滑的力量做各种滑行。经过一段练习后,运动员不但可以在板上做各种优美姿势,还能借助地形变化,越过各种障碍滑行。水平高的运动员还能交替做向前、向后滑或向侧滑,还可以在滑行中利用身体重心的移动,使一边轱辘离地,改变滑行方向,做各种曲线的滑行。

　　滑板运动起源于美国50年代末60年代初,最早是在冲浪板上安上轮子,为的是在陆地上获得波浪中滑行的感觉,当时只是作为训练冲浪的一种训练手段。可是后来却意外地发展成了与冲浪情趣迥然不同的一项新兴运动项目。

　　改革开放以后滑板运动很快就出现在电视屏幕上和体育报刊上。一部名为《危险之至》的美国电影,把一连串惊险的滑板表演揉进了影片故事情节之中,这部影片放映后,引起了各国青少年的兴趣,我国青少年也发生了浓厚兴趣,不少人竞相仿效。对于我国青少年来说,要想在滑板上玩出点花样,并不是一件容易的事。例如:有位理工大学二年级学生,可以在滑板上倒立，把板立起来踩在脚下滑行中可以让板翻两圈自己再落在板上继续前进。这一切有相当难度的动作，都是他从录像带上一点一点地琢磨来的，滑板的动作速度快、变化多，板在脚下，既不能用绳绑，又不可用胶粘，还得让板和人一块从障碍物上飞过去，这项运动的吸引力也正在此。他一次一次挨摔，经过一段艰苦磨炼，终于能由平地跃上台阶，由障碍物一头"飞"到那一头了。

我国自从北京体育学院将滑板作为国际新兴体育项目引入后，已经成立了一支专业滑板队伍，在首都体育馆前的空场上，有U形池、人字坡、大斜板、跳台的场地。显示出一种专业化的味道。在北京月坛体育场还开办了滑板训练班。每期都吸引来几十名学员。

青年人为什么对滑板如此着迷呢？

应该说是滑板运动通过惊险、灵巧、高速所表现出来的青春活力和在不断摸索、掌握一个个新动作过程中，认识自我，发现自我的潜力。现代社会展现在青少年面前的是一种快节奏、多色彩的生活，像迪斯科、霹雳舞一样，滑板也是现代社会青年人体育娱乐生活中的一种表现形式。而且它更快、更多变化，更富有刺激性。在这项运动中，青年人得到的是敢于向生活挑战的勇气和不怕挫折的奋斗精神。因此，与青春同在的滑板运动，必将会在世界范围内流行。

据不完全统计，近10年来从事该项运动的人已有4000万，滑板出售量大大增加，美国售出滑板已达2800万个；意大利和法国仅在1977年就分别售出100万个；在瑞士，从事这项运动的人数已有几十万人，他们组织了俱乐部，建立了专项协会，还发行了专门刊物。在欧洲还举行滑轮板锦标赛。比赛项目有快速下滑、大回转、小回转和造型。

国际体育专家们认为：滑板是一项有广阔发展前景的运动。

从"小网子"到"空中飞球"

喧腾的九龙伊丽莎白体育馆，突然寂静下来了。中国女排与南朝鲜女排决赛，已经打到最后一局的最后一球。如果中国姑娘再赢一分，就将以3：0的优势取胜。头一天，中国女排已经以3：1击败日本女排。日本女排自1962年登上冠军宝座之后，一直称雄亚洲和世界排坛被称为"东洋魔女"。这次，中国姑娘们团结奋战，立于不败之地。忽而，郎平的重扣，忽而"平拉开"巧胜一球，忽而孙晋芳高超的"背飞"，让对方不知所措，忽而又是"打时间差"轻取一分。周晓兰出色拦网，使得成千上万的观众眼花缭乱……最后一球的争夺，是那么激烈，紧紧吸引着几千双观众们的眼睛。人们在热烈地赞佩女排姑娘们顽强拼搏精神的同时，也为现代排球运动的复杂技术、战术而惊异。人们不禁要问：现今排球的"短平快""时间差""背飞"等一系列技术战术是从什么时候开始产生的？又是怎样发展起来的呢？要回答这个问题，让我们先来说说排球的产生。

世界上每一个事物的产生发展都有一定的条件，也都有一个由不成熟到成熟的过程。在19世纪末的美国，随着产业革命兴起，生产力得到较大发展，人们的物质生活的不断改善，休闲时间也增多了，于是娱乐和体育活动受到人们的青睐。虽然，篮球运动已经在美国发明，但是由于该项运动十分剧烈，使参加活动的人数、年龄、心理受到限制。为了使年纪稍大一点的中老年人以及不愿参加剧烈运动的人也可参加运动，美国马萨诸塞州霍利克城，春田体育学校教师、基督教青年会干事威廉·莫根（William·G·Morgan）于1895年，用网球的网子、篮球球胆，用网球和手球的一些技术和类似棒球的规则，创造了一种新型的运动游戏，并给这种

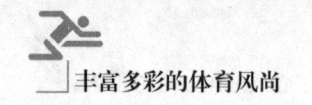

游戏取一个名字"小网子"。这种游戏的特点是参加人数不受限制，球在网上飞来飞去不落地，玩起来很有趣。后来在莫根四处奔波，极力宣传、多方努力下，于1896年举行了第一次表演赛，每方5人，表演得激烈有趣，得到当时有声望的哈尔斯博士的盛赞，觉得值得推广。不过若用"小网子"一词做该游戏名字未能表达这项游戏的性质，改为"Volleyball"即"空中飞球"更贴切，经过一番讨论协商把该名字肯定下来。这一名字即"排球"沿用至今。

1900年，排球传入亚洲和美洲。为了使更多人参加这项运动，亚洲采取每方16人打法，四排，每排4人。

1905年，排球运动由美国传教士带入中国。1911年在上海举行首次排球表演。1917年，排球规则做了修改，每局比分由21分改为15分，并且在美国纽约出版了第一本排球规则的书。1918年，由随意规定比赛人数，改为规定6人，网子高2.43米（男）。1921年，中国广东省第八届运动会上出现了女子排球比赛。1925年中国的快球打法诞生，使原来一直高举高打的排球技术开出一朵新花。为排球技术向快速变化方向发展奠定了基础。1947年，13个欧洲国家代表在巴黎成立了国际排联，并由法国鲍尔黎伯担任主席。1948年在罗马举行了第一届欧洲排球赛。1949年第一届世界男子排球锦标赛在布拉格举行。苏联男排力克群雄获冠军。1951年我国进行6人制排球并组建国家队。1956年，我国第一次派男女排球队分别参加在法国举行的世界排球锦标赛。我国的"快板球"轰动了巴黎。被称为"杂技般技术"。女子和男子分别获第6名和第9名的成绩。

1962年，日本女排发明创造了"勾手飘球""小臂垫球""滚翻救球"技术。1963年在雅加达第一届新兴力量运动会上，我国男女排双双获得冠军。1965年，中国男排创造了"盖帽式拦网"和"平拉开"扣球新技术使排球技战术变化更为多样化。1972年日本男排创造了"短、平、快""时间差"技战术，"配合排球"使人注目。1977年，中国男排首创"前飞""背飞"等空间差战术，对排球高层次发展起了积极推动作用。

1979年，美国乔·加西亚发明一种新型的室内活动项目——墙排球。1985年，在美国纽约举行了首届墙排球锦标赛。为了宣传推广墙排球，加西亚在美国建立了一座玻璃场地。

1986年，中国女排在第十届世界锦标赛上再次获冠军，从而连续五次获得世界冠军。

沙滩与草地的排球对话

沙滩排球是80年代以来的热门体育运动项目。一只球、一张网，双方除去沙子再无需其他的设备，真是简单到了极点。然而，就是这种最初在海滨诞生的运动消闲形式，目前风靡了几乎所有大陆的海滩。加利福尼亚、南非、澳大利亚和欧洲，这一阳光下的运动日益受到人们的喜爱。沙滩排球起源的年代从无考究，理应与排球出自同一时代。但此项运动从一般海滨游戏发展到举行正式比赛应自80年代中期始，现已发展到100多个国家。

由于沙滩排球是一项夏季体育活动，集运动与日光浴于一身，因此备受人们的喜爱。在骄阳照射下，女运动员身穿"比基尼"，头戴遮阳帽，外加一副太阳镜，尽显女运动员的秀美身材与性感；男运动员则更加充分显示自己的虎虎生气与灵活。比赛完毕，来个海水浴，一切疲劳尽消，难怪它受到人们的青睐。

沙滩排球近年受到国际排联的高度重视，已经举办过24届职业沙滩排球锦标赛，夏季奥运会理应有它的一席之地。

自从美国男子排球队及女子排球队，在洛杉矶奥运会中分别夺得冠亚军之后，美国人对排球运动日趋"发烧"。洛杉矶长堤及加利福尼亚经常

丰富多彩的体育风尚

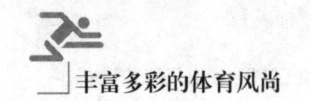

有日照的海湾区，越来越多的人开始在沙滩上玩起排球来。而且，只穿泳裤或泳衣在日光与海风陪伴下打排球，的确显得轻松适宜且具浪漫气息。尽管近年来美国女排的成绩有"走下"的趋势，远不如23届奥运会时期风光，但是多少显得"所向无敌"的美国男排，使美国人对排球的感情亦如日前，因而训练"沙滩排球"的男女老少仍有增无减。

1993年7月14日，国际排联主席阿科斯塔在访问北京期间，向全世界公布了他和国际排联的迫切愿望——让沙滩排球列入夏季奥运会。

草地排球一看这几个字就可以知道草地排球是什么样的运动，也许你会认为草地排球不是什么新鲜玩艺。但只有偶然成为必然时人们才真正能认识到。草地排球也是近几年才得到人们的充分认识的，而且参加的人也愈来愈多了。在美国，参加草地排球运动的人数已经远远超过室内排球和沙滩排球的人数。不只在个别的发达地区，美国各州基本都开展了这项运动，有的州除一年一度的比赛外，还有周末的比赛。

美国室内排球运动多集中于高等院校，由于体育场馆的数量有限，并非每个人都能有机会到场馆内参加排球运动，而沙滩排球的开展也只能在海岸城市或有沙地的区域开展，也给它的开展限定了条件。更重要的是，随着生活水准的提高，社会现代化程度的加深，人们对体育运动的认识不断增进，对户外运动的要求也相应提高了，而草地这种人人都可近之、得之的地方无疑成了户外运动的理想场所。有人说这项运动爆炸了，又有人形容这项运动如野火愈烧愈烈。这样的比喻一点也不夸张。每到周末，公园里、野餐人的身旁，甚至在美国的独立日里，都能看到老的、小的、年轻的在打草地排球。据估计，美国目前最大规模的排球比赛就是草地排球赛了，参赛队多达250个队的比赛并不罕见，然而这对于室内排球和沙滩排球实属鲜见。1989年，美国在国内五个州举行了一次全国草地排球锦标赛系列赛，获得了巨大的成功；有时比赛的报名队竟达几百个，以至于不得不进行赛前的筛选。

草地排球同沙滩排球一样，也是室内排球运动的一个衍生物。但近十几年来，它一直落后于沙滩排球的发展，只是在近23年内才受到人们的重视乃至在全美范围内风靡起来，并吸引愈来愈多的人投入到这项运动中来。这是因为它有如下的几个特点：

场地限制小。室内排球和沙滩排球的场地都受到局限，而任何地区都会找到公园、草坪以及绿色地带。运动者无需穿鞋，对草地不会产生损坏作用。

打草地排球比沙滩排球更容易。由于沙滩排球场和视野的特点，室内排球运动员并不一定适应沙滩排球运动。而打过室内排球的运动员肯定会打草地排球的，因为草地软硬度同地板或土地差别不大。

草地排球从本质上讲兼有沙滩排球和室内排球的内容和特点，是它们的中间产物，不仅室内排球运动员可以参加，沙滩排球队员也可以参加，给两者开辟了一个共同的天地。

草地排球更接近生活。若"绿色"象征着自然，那样草地排球就使排球运动更自然化了。人们喜爱在轻松、舒适、自然的环境下从事体育运动，沙滩排球是这样。但它受场地的限制，只有海滨城市才有这种良机。而打草地排球可以说是人人可以做到的，因为草地在我们生活的周围是很容易见到的。公园漫步的草地，家人野餐的绿地，供我们休憩与遐想的校园草坪，若是再开展起生龙活虎的草地排球，不更是生动、浪漫吗？

欧洲的许多国家开展了草地排球运动，但同美国相比，开展的程度还很逊色。欧洲的草地排球是把室内排球移植到草坪上。即六人制的比赛，规则、场地同室内排球相同。美国的大部分地区开展的草地排球为3人制和男女3人制。在沙滩排球开展较广泛的地区如加州，草地排球受其影响，多为2人制。规则同美国的沙滩排球规则相近。当然，纯娱乐性的，可以依参加者的要求，在人数、规则甚至其他方面做相应的调整。

沙滩排球发展的迅猛是令人难以置信的，它已成为1992年巴塞罗那奥运会的表演项目。在美国，草地排球以其特有的特点，发展速度更令人咋舌。有人预计，它将最终超过沙滩排球，此话不无道理。美国的有关组织

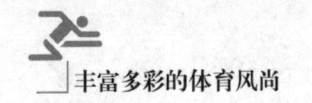

有计划建立像沙滩排球一样的等级和奖金制度，使草地排球运动进一步深化。那时，草地排球也可能会走上职业化的道路。

现代奥林匹克的创始者们做梦也都不曾想到，女性在今天的体育运动中能显示出如此强大的竞争能力，昔日被拒之大门之外的夏娃们，今天在世界各地运动场上大展英姿。作为领导国际奥委会长达18年的掌门人，一改百年前创立之初衷，宣布在世纪之交的悉尼奥运会上，女子铁人三项比赛将是2000年奥运会上第一枚金牌，女子举重、女子水球正式成为悉尼奥运会比赛项目。他还向世人宣布：今后凡要进入奥运会的项目，首先必须包括女子项目才能被考虑。

冰场上的"白天鹅"——索佳

1924年在法国夏蒙尼，第一届奥运会花样滑冰比赛场上，最后一名参赛者出场了。谁也没想到就是这个长着满头金发、稍发胖的挪威小姑娘，竟给后来的花样滑冰运动指出一条新路，她的表演给花样滑冰带来一场革命。

只见她，抛弃了从前女子花样滑冰运动员必须穿着的那种盖着脚面、影响滑行的长裙，摘掉了头上大礼帽，身着易于滑行的漂亮、新奇的丝织短裙，显得青春焕发，富有朝气。所以一出场，观众们先是惊奇地睁大眼睛窃窃私语，随即是一阵热烈掌声。这位名叫索佳的小姑娘在表演中将跳跃和旋转结合起来，在内勾形滑行、倒滑、反向旋转中，完成了许多芭蕾舞式的造型，令观众大开眼界、耳目一新。

当时，花样滑冰虽已风行世界，当时形成了两种不同风格，一种是"英国式"追求典型的绅士风度，滑冰者身穿大礼服，头戴宽沿大礼帽，以能在冰面上能划出不同轨迹的技术为重点，不准有任何脱离标准的和轻浮任性表现。滑冰者像白金汉宫卫队一样，滑法和节奏有严格规定，不得越雷池一步。另一种是维也纳式，追求动作自由、协调。滑冰者把华尔兹和玛祖舞用到冰面上，出现了简单的摆动双臂和抬腿动作，滑起来轻松自如。

索佳完全打破了上述两种风格，突破了传统惯例，自然开始不为裁判们所接受，她仅获女子单人滑第8名。

索佳似乎同"8"特别有缘，她8岁时获奥斯陆少年花样冠军，本届奥运会单人滑共8人，她是第8个出场，获得第8名。

本届冬奥会，索佳虽没有获冠军，但她引起的轰动却是其他运动员无法替代的。在观众的心目中，她是一颗耀眼的明星、真正的冠军。

1927年，索佳第1次获得世界花样滑冰锦标赛冠军。以后每当夏季来临，她总要告别故乡，先到伦敦水晶宫冰场学习冰上技巧，之后又匆匆赶到维也纳去学舞蹈，然后再把这些动作精心编排在成套动作中。

1928年，瑞士圣莫里茨滑冰场，伴着柴可夫斯基舞剧"天鹅湖"中"天鹅之死"的美妙乐曲，一个小姑娘缓缓滑进冰场。她，就是15岁的索佳，许多熟悉她的观众都不会忘4年前难忘的一幕。醉人的音乐，梦幻般的舞姿，那一套套令人眼花缭乱，美不胜收的动作，加上索佳那天真活泼的表情和甜甜的微笑，征服了全场观众，博得一阵阵掌声。高超的技巧，出色的表演也征服了裁判。

索佳，这位冰场上"白天鹅"终于起飞了。她无可争议地获得金牌。1932年冬奥会，索佳又再次轰动。花样滑冰比赛本来安排在晚上进行，可众多的索佳崇拜者强烈要求将比赛改在白天，以便能在明亮阳光下拍摄索佳优美的舞姿。最后大会组委会破例将日程做了改动。

索佳的表演又一次获得成功。7名裁判全给了她最高分。纽约报刊评论说：索佳的轻盈自信的滑行和令人耳目一新的舞台化表演，从一开始就抓住了观众的心。

丰富多彩的体育风尚

1936年，索佳在第4届冬奥会上第3次摘金。不久，美国好莱坞以每周5万美元的高薪聘请她去拍电影。在好莱坞12年间，她拍摄了10多部带有故事情节表现花样滑冰技巧的影片，成为好莱坞三大当家台柱之一。

在好莱坞期间，每逢回挪威度假，总要不惜重金在远洋客轮上自费建人工制冷冰场，以便在旅途中能随时练习花样滑冰。

索佳兴趣十发广泛，除了滑冰，她还游泳、滑雪、打网球，她一直坚持吃少而精的食物，所以她的形体始终是亭亭玉立的健美，受到众多妇女的赞佩和羡慕。

1949年4月，她告别影坛并和查迪涅格尔结婚。不久她作为冰上芭蕾舞团的经理和主演，足迹踏遍欧美大陆，所到之处均受到人们热烈欢迎。

1956年，索佳的视力骤然减退，她定居于奥斯陆。此时她已有亿万财产。她请挪威著名建筑师爱德华在海岬一角，设计并建造了5座成扇面形独具一格的大楼，筹建一个"索佳—昂斯德艺术中心"专门搜集挪威各时代名画、艺术雕塑品。这个中心还设有戏剧院、芭蕾舞台、音乐演奏厅、电影院等。其中艺术陈列馆环形大厅里，摆放着数以百计的玻璃橱，其中陈列着这位驰名世界的花样滑冰运动员40年来所获奖品。对于索佳来说，只有这些才是她全部的最珍贵的财富。

索佳，一位才华横溢的传奇女人，她一生曾蝉联3届冬奥会冠军、10次世界冠军，6次欧洲冠军。是她创新了花样滑冰动作，又是她首次将芭蕾舞运用于滑冰之中，使花样滑冰真正成为一首"运动"诗篇。一直到现在还没有人能够超越她所创造的辉煌。

1969年10月12日，索佳因患白血病，由巴黎回奥斯陆就医，在返回故乡的班机上，她死在丈夫的怀抱里。

她在遗言中宣布：将她用40年心血获得的全部奖品，连同那座富丽堂皇的"艺术中心"，全部献给她的亲爱的祖国——挪威。

现在索佳生前所建的昂斯德艺术中心，成为了一个女人的生平纪念馆，经常有许多外国游客到这里来缅怀这位一代"冰上女皇"。

冰舞双飞话彩蝶

美国现代冰坛出现一对姊妹花，这就是利平斯基和关颖珊。

伴着欢快的乐曲，身着亮丽的蓝色演出服的利平斯基向奥运金牌发起了最后的冲击。当她干净利索地完成连续两个三周跳后，看到9位裁判中的6位都不禁点头称赞时，她脸上的笑容也更加灿烂了。最后，这位15岁的美国小姑娘摘取了1998年长野冬季奥运会女子花样滑冰的桂冠，成为奥运史上最年轻的花样滑冰冠军。赛后，利平斯基对记者讲：

"就在踏上冰场的那一刻，我真正领悟到什么是奥运会。"利平斯基来到长野后，不仅住进了奥运村，参加了开幕式，还观看了同胞的比赛，拜访了相扑冠军，亲身感受到了奥运会重在参与的气氛。也许正是赛前的这些感受，使她能更加轻松地去面对比赛，最终获得成功。

利平斯基是第一位掌握连续两个三周跳的女选手，所以在技术上，她是绝对的第一，但年龄小和生活经验不足使她在艺术表现上略显不足。相比之下，获得本届冬奥会银牌的另一位美国选手关颖珊显得更加成熟，她的表演优美、流畅，极富艺术表现力，她曾在年初的全美花样滑冰赛上夺得全部18个艺术满分中的15个。美国冰坛的有关机构对关颖珊极为赞赏，他们认为花样滑冰与以技巧为主的体操运动不同，它应该是"艺术"的运动，而利平斯基的获胜将把冰上竞争引向更加年幼化，是"令人不舒服"的潮流。尽管两位年轻人各有所长，专家们的评论也不尽相同，但她们对花样滑冰这项运动的热爱却是相同的，她们都为今天的成功付出了无数的汗水与泪水。

关颖珊第一次穿上冰鞋时刚刚5岁，那时她是同比她大两岁的姐姐

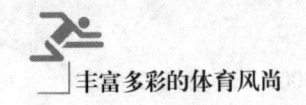

在离家不远的一个冰场练习。1988年,当关颖珊从电视上看到站在奥运会花样滑冰冠军领奖台上的波伊坦洛时,就发誓要参加下届奥运会。从此,父亲每天早上5点钟将两个女儿送到冰场,一直陪她们练到8点钟,然后送她们去上学,最后自己再去上班。周末,父母就带她俩驱车两个多小时到箭头湖畔的著名花样滑冰训练中心,使她们尽可能地接受正规训练。在这里常会看见一些著名选手,所以天赋极高的关颖珊每个周末都会学到一些新跳跃动作。就这样,10岁的关颖珊在没有教练的情况下,穿着借来的演出服和二手冰鞋,赢得了地区初级比赛的胜利。就在这一年,在国际滑冰基金会帮助下,姐妹俩开始在滑冰中心接受正规的私人教练的培训。每周三次。为此,母亲辞去了护士的工作,带女儿们到箭湖附近居住。在美国,花样滑冰的学费是很贵的,但为了女儿,父亲先后卖掉了住宅和餐馆。刻苦的训练,加上卡洛尔教练的精心指导和家人的关心与支持,12岁的关颖珊在高手云集的全国高级大赛上脱颖而出,曾获得1993年全美花样滑冰赛亚军的关颖珊作为哈丁的替补入选1994年美国奥运代表团,实现了儿时立下的誓言。尽管哈丁一案在赛后才受审,关颖珊没能上场比赛,但她第一次体验到奥运会高水平竞争的氛围。1996年,15岁的关颖珊夺得全美花样滑冰赛和世界花样滑冰锦标赛两枚金牌,成为美国花样滑冰史上最年轻的世界冠军。从1995年秋季到1996年底,关颖珊在所参加的15个比赛中夺得14个冠军,她精湛的技艺和优美的舞姿将裁判和观众征服。

正当关颖珊在冰坛上光芒四射时,又一颗新星冉冉升起,她就是塔拉·利平斯基。利平斯基3岁时穿上了旱冰鞋。当6岁的她第一次踏上水冰时,不仅不害怕,反而像溜旱冰时那样做起跳跃和转身来。从那天起,她便在离家不远的一个冰场练习。后来因父亲工作调动,他们从新泽西的苏埃尔搬到了休斯敦,利平斯基不得不每天早上3点钟起来,赶到冰场去练习,然后再上学。时间一长,小姑娘有些吃不消了,于是母亲毅然辞去了华尔街的秘书工作,独自带女儿回到新泽西,利平斯基又开始在儿时去过的冰场上练习，利平斯基喜欢到"迪斯尼世界"去玩，从蹒跚学步的时候起，她每年都要去那里玩上三次。但每次去之前，她都会进行半小时的滑冰训练。如果对自己的冰上表现不满意的话，她就根本不会在乎"迪斯尼世界"，因为她太热爱滑冰了。1995年，母亲将利平斯基送到卡拉汉教练门下，并把家搬到密歇根的布鼎姆菲尔德。父亲因工作原因，一直留在休斯敦。除了周末的团聚外，一家人只能通过电话交流感情。1997年，一切的付出得到回报：14岁的利平斯基从关颖珊手中将全国比赛和世界锦标赛两项桂冠一起"抢走"，成为最年轻的世界冠军。

连续的失利使关颖珊的自信心动摇，她甚至怀疑自己是否真的喜爱滑冰。而老朋友哈里斯·柯林斯病故；一直伴在自己身边的姐姐到波士顿念大学；身体由1994年时的高1.50米、重40千克长成1997年的高1.58米、重48千克，不能再像以前那样轻松地跳跃，训练中严重扭伤左脚而在1997年整个秋季都未参赛，使关颖珊感到仿佛坠入了深渊。在经过痛苦的思考后，关颖珊发现自己过去是一味地追求冠军，觉得输了就会死掉，而忽略了滑冰的乐趣。在听到著名教练卡洛·法施死于心脏病、冰坛好友斯科特·汉密尔顿身患癌症后，她突然明白：人的一生是很短暂的，一两次动作失误与生死并无关联，而胜利也并非仅仅意味着金牌。经过这段挫折后的关颖珊又重新找回了自己，找回了对滑冰的兴趣，所以当她在长野再次输给利平斯基后，却觉得："这是我最高兴获得的一枚银牌。"

利平斯基说："噢，我是怎么度过在瑞士的那周时间的，我怎么会那么忙！几个星期之前一直都在担心世界锦标赛。我现在可以说，那一周实在太美妙了。我觉得自己在那7天里一直都处在惊喜之中。我都不敢相信自己会得了冠军。"

"瑞士确实非常美丽。我住的宾馆正好在一个湖边，在那里，能看到周围的山峰，只不过我大多数时间都在滑冰练习。我那周的练习质量非常好，这样我在参加比赛时就很有信心。"

自我感觉短节目的表演非常出色，我发挥了最高的水平，但是我当时实在很紧张。我参加每个比赛都会觉得紧张，何况这又是世界锦标赛。我只能不去想比赛的事情，所以我进入赛场时努力让自己把比赛当成一次练习课。短节目后就是长节目。那天我也根本不想这天要比赛什么的。我去了一个小餐馆，吃了一些比萨饼然后回到宾馆。那天下午，我很晚才出场。当然，最紧张不是在比赛时，而是在比赛后等分数出来那段时间。其实，在比赛时我自己感觉就很好。因为我一踏上冰面马上就有信心。随着每一次跳跃动作的落地，我都增加更多的信心。在长节目结束时，我就知道自己会胜利并感到骄傲。

回想起来，夺冠以后感觉的只有一个，就是非常高兴，处于幸福之巅。我很吃惊，很激动，花了好多天时间来消化这种激动。

每当我到一个新的城市参加比赛或者表演赛之前，我总要到这个城市的一家医院去看看那些孩子。我第一次这么做时心情还有些紧张。那时我在加利福尼亚的长滩参加一个表演赛。一个电视节目的赞助商要给"希望之城"捐一笔钱，需要有一个花样滑冰运动员参加活动，我就自愿报名了。"希望之城"是所医院的名字，专门治疗那些身患癌症或者其他重病的儿童。

"希望之城"的每个人都很友好，我们一个房间一个房间地走去。他们绝大多数都在电视上看过花样滑冰转播，但是他们对花样滑冰并不入迷。因此我们谈了他们喜欢的运动项目。

从那次以后，我一直在想，每到一个城市，我都应该去看看那些孩子们。全国锦标赛的前一天正好是万圣节，我就买了一些礼物到纳什维尔的万德白尔特儿童医院去看望那些有病的孩子。这听起来似乎很令人不可思议，但我喜欢到医院去看望那些得病的儿童。自己帮助某个人度过了美好的一天，这种感觉是再好不过的。对你的热心，他们总是报以微笑或者拥抱。

去"希望之城"时，我发现其中一个病孩情绪特别低落，我问他是否能为他做些什么。他说，他只是觉得那一天快活。他的话一下子就引起了我的回忆。以前，只要我做坏一个动作，当天情绪就会特别低落。从他那里，我认识到自己的不快活同他人的不快活是不一样的。

因此，当你觉得"我今天不快活"时，你应该想想自己不快活的原因，事情也许不像你想象的那么糟。

以后，我不会不快活了，我将永远珍惜我的幸运。不经风雨，怎能见彩虹，人们真心期待她们向更高峰比翼双飞。

1999年秋，关颖珊考入加州大学洛杉矶分校，她一面紧张学习，一面备战美国滑冰锦标赛和加拿大滑冰锦标赛。长期以来一直担任关颖珊教练的卡罗尔说："使任何运动员勤于思考是很有好处的。"他将同关颖珊近日开始训练。他认为，关颖珊是一位非常优秀的滑冰运动员，她需要的是保持一流的竞技状态，而无须掌握新东西。

冰上运动之家

苏联是世界超级体育强国，俄罗斯民族也是一个以热爱体育著称的伟大民族。他们不但竞技体育成就辉煌，而且大众健身运动也相当普及。如果说有什么经验，其中最基本的就是注重儿童少年体育教育，从小抓起，常抓不懈。

作为世界体育强国之一的苏联冰上运动成绩斐然。然而，在辉煌的成绩背后，必然是运动员、教练员的辛勤汗水。为培养称雄于世界冰坛的明星，全苏建有不少滑冰学校和冰球学校，其中较有名的要数列宁格勒冰上学校和敖德萨滑冰学校。作为名副其实的明星摇篮，这两所学校的招生制度极为严格，甚至可称为苛刻。入选生的年龄为4周岁，从形体、乐感、发展前途诸方面，无不仔细考查，做到一丝不苟。考生的录取率不到10%，往往是在400名千挑百选出来的优秀生中，入选者不足30名。在训练方式上除冰上练习、形体训练、理论课程等必修课外，每日还安排棋类、草地曲棍球、技巧、杂技、音乐、阅读等等。作为娱乐放松的手段，既增加知识、提高修养，又放松神经，做到有劳有逸，促进了训练。校内纪律严明，对学生的要求一刻也不曾放松，每日清晨5时即起，数十分钟后，训练场上便到处是学生们的身影了。

为使学生开阔眼界、有实战观念，校方常邀请那些驰骋于世界冰坛的著名运动员来校指导，亲做示范，这使小运动员们受益匪浅。在冰校，学生们一上冰场，都能随着乐曲，忘却了自己，滑得如行云流水。

严格的挑选，严格的训练是明日优秀成绩的必然的条件。"冰冻三尺，非一日之寒"，一个明星的诞生亦非一日之功。学生们的训练是非常刻苦的。在莫斯科冰球学校，你会看到每天清晨早操以后，冰球运动员就到莫斯科河河岸陡峭的石阶上，上下跑动，石阶一共有30级，在上下跑动时运动员肩上驮着一个队友，或者只用一只脚。跳完石阶后，接着就绕运动场快跑30圈。这样的锻炼对一些体重比较重的运动员来说是极为困难的。打篮球也是一项训练项目，训练时运动员往往会为了争夺球而相互扭成一团，不知道情况的人会以为他们在打架。

还有就是负重训练。训练时每一位运动员身上束着15公斤重的专用腰带，在冰场上加速滑行。如果不系腰带，身上就挂一只汽车外轮胎，穿着10公斤重的球衣快速急转。滑得腿都麻木了也不能休息，还要进行拉力训练。拉力器的一头拴在墙上，另一头系在运动员的背上，用这种器械进行牵拉训练。训练完毕到磅秤上一称，体重往往减少3公斤。

现在冰球和田径这两个概念已经紧密地结合起来了。要想从事现代冰球运动，运动员得练出最优秀的身体素质。苏联国家队教练阿·塔拉索夫对此曾做了精辟的表述，他说："冰球运动员必须有很强的腿力，能使他在整场比赛中作高速的冰上滑行。动作的协调和灵巧性是冰上斗士必须具备的条件。如果不能对快速的变化做出敏锐反应,没有高速度地运用球杆的本领,不善于在瞬间处理球并快速进攻,这样的运动员是不能取得现代冰球赛的胜利的。"

与雪融合的花样滑行

自由式滑雪又称花样滑雪或特技滑雪。是70年代在美国新兴的一项运动。它集勇敢与灵巧于一身,颇受现代青年欢迎。1988年,自由式滑雪作为表演项目,首次出现在第15届冬奥会上,自由式滑雪门票第一个被抢购一空,观看比赛的观众有15万之多,可见它受欢迎的程度。

自由式滑雪起源于美国。20世纪60年代初,美国滑雪明星埃里克森、斯达克,不满足于一般滑雪运动,他们破除陈规另辟新路,开始了一个新的尝试,就这样继高山滑雪和越野滑雪后诞生了第3个滑雪项目。

刚开始自由式滑雪,在美国有几个滑雪场出现几起伤亡事故,所以美国曾一度严禁此项运动。1979年国际雪联正式承认了这个项目,并成立了自由式滑雪委员会,采取必要措施、加强指导、制定规则、积极推广,这才使这项运动得到健康发展。从1986年起,每两年举办一次世界锦标赛。

自由式滑雪包括雪上芭蕾、技巧速降和高空特技三个单项。雪上芭蕾要求运动员穿短滑雪板,在音乐伴奏下,沿着坡度较小山坡下滑,完成一系列优美舞步,花步,旋转和跳跃,犹如芭蕾舞演员在舞台上的英姿。

比赛时评分标准是编排和技术难度各占25%,表演占50%。

参加技巧速降的运动员,要从险坡崎岖山坡上快速下降。根据滑降速度、动作质量、转变和跳跃次数比试高低。

评分标准：速度占25％，空中表演25％，回旋占50％。

空中特技是自由式滑雪最有特色的项目。比赛在连续完成3个跳跃动作的滑道上进行。下滑中要完成一个接一个的跳跃和空中的翻转两周或旋空翻直体落地等高难动作。令人眼花缭乱，惊诧不已。难怪有人说，要想成为一名自由式滑雪运动员，不仅要有娴熟的滑雪技术，还要有体操选手和杂技演员的功底。

空中特技有些类似跳水运动。比赛场地由助滑坡、过渡区、起跳台、着陆坡、停止区几个部分组成。

评分标准：空中占20％，姿势占50％，着陆占30％。

自由式滑雪运动既保持了其他雪上项目的基本技能，又融合了音乐、舞蹈、腾空、技巧滑行和跳跃等多种艺术色彩，因此，越来越受到人们的欢迎。

现在世界上已经有50多个国家开展了这项活动。1978年国际自由式滑雪委员会宣告成立。现在每年有近30个国家的选手参加自由式滑雪比赛（世界杯赛）。法国、意大利、瑞典、瑞士、德国、奥地利、日本、美国、加拿大等国水平最高，同时每年还举行青少年锦标赛。

1994年12月，我国运动员首次参加世界杯自由式滑雪比赛，就达到了冬奥会前18名水平，在第3届亚冬自由式滑雪空中技巧项目比赛中，我国男女运动员欧晓涛、郭丹丹双双夺冠。

自由式滑雪占用场地小，造价低，用雪量不多，很适合我国国情。另外，自由式滑雪的"小、巧、灵"非常符合亚洲人身体特点。自由式滑雪与技巧运动、跳水运动的许多技术相通。三者之间可以互相借鉴。技巧运动与跳水运动我国已是世界先进水平。人们相信不远的将来，中国的自由式滑雪也一定会攀上世界一流水平的高峰。

从"缚骨而行"到滑冰竞技

人类生活在地球上，真是个奇妙的世界，一年四季，春夏秋冬，各种景色变幻无穷。

春季大地解冻，万物复苏；夏季绿草茵茵，百花盛开；秋季硕果累累，一片金黄。

每当冬季来临，池塘沼泽、江河湖泊，千里冰封；无边林海，崇山峻岭，万里雪飘。全球陆地一半，全年或一年一度变得一片银白。

大自然创造了神奇的冰雪世界。冰和雪是自然界孕育而生的一对孪生姊妹，是大自然赋予人类的恩宠。大自然创造了神奇的冰雪世界，人类则在劳动中创造了冰雪运动，有了冰雪运动，才使冰雪世界不再冷清、寂寞，显得更加色彩缤纷、生机勃勃、充满活力。

人类最早是什么时候开始滑冰的，已无从考证。生活在寒冷地区的人，在古代就感到滑冰、滑雪是一种生活的需要。我们的祖先在几千年前，就发现在脚底下固定一个长条形的、光滑的硬东西，就可以很方便地在冰面上移动。俄国的著名滑冰家曾说过：在原始人居住过的地方发现的许多器物中就有兽骨制成的像雪橇一样东西；从许多兽骨底部的穿孔和磨破了的地方，可以联想到原始人已经利用摩擦作用制作了滑冰工具。意大利著名旅行家马可·波罗在他所著的《马可波罗游记》一书中也曾谈到，在他从意大利到中国的旅行途中，曾惊讶地看到人们在冰面上打猎情景：几个部落的猎人，把在一个大湖岸边活动的动物驱赶到湖面的冰上，然后有许多脚上绑着大块动物骨头的人们追捕、猎杀这些动物。可以肯定地说，这种情景在马可·波罗看到之前很久就已经存在

丰富多彩的体育风尚

了。据有关史料记载，滑冰这项古老的运动的历史可以追溯到新石器时代。

滑冰运动最早起源于荷兰。荷兰人很早发现，当大大小小的河流结冰时，就意味着很快地行走了，同时发现骨头很容易在冰面上滑行。于是人们开始把动物骨头（主要是驯鹿、麋鹿的胫骨）磨光作为冰上行动的工具，最早的冰刀就产生了。

1180年，一个叫菲兹斯订芳的人曾写道："无数年轻人把骨头固定在脚掌上，撑着木棍向前滑行。好似飞翔的小鸟，又好似离弦的利箭。"这里写的是当时人们滑冰情景。一直到今天，在荷兰语中，"冰刀"和"胫骨"是同一个词。早期日耳曼语中，"冰刀"一词原意就是胫骨和腿骨。在荷兰的绘回中有许多名画取之于滑冰。其中有一幅最古老的版画，画的是一个跌倒在冰面上的小姑娘，后来这个小姑娘就成了荷兰滑冰者心目中的"圣人"和"保护神"。几百年来，滑冰已成了荷兰人生活中不可缺少的重要内容。

滑冰活动如同其许多体育活动一样，起源于生产、生活实践，同时，人类早期滑冰活动也显示了军事上需要。荷兰曾多次利用滑冰取胜。一次，荷兰舰队与西班牙舰队突然在海上相遇，正当双方激战时，寒风大作，气温急剧下降，双方舰只都被冻在海上不能开动，荷兰人利用这个机会把会滑冰的战士组织起来，向西班牙人发动猛攻。西班牙人没料到有这一手，措手不及，一败涂地。还有一次，荷兰步兵中滑冰部队，向驻扎在冰上的西班牙部队发动进攻。由于西班牙士兵不会滑冰，只能被动挨打，结果全军覆灭。

另据史料记载公元1616—1626年，努尔哈赤派兵远征巴尔虎部落，在这支远征军中就有一支擅长滑冰的特种部队，善冰行，日夜行七百里，作势一奔，迅如飞羽。在战斗中充分发挥了冰上行军"速度"的重要作用，终于取得胜利。

随着岁月的流逝，人们在逐步改进冰刀的制作、形状和使用方法。公元8—10世纪，瑞典已经有了骨制冰刀，而荷兰人发展了木制冰刀，包括木制平板和穿着皮条的刀刃。1250年巴斯奈尔发明了第一双全铁冰刀。而俄国沙皇彼得大帝，第一次将铁制冰刀用螺丝固定在鞋上。在速度滑冰史上具有划时代意义的事件是1902年挪威人巴尔森发明了刀管式冰刀（全金属管型冰刀），为人们在冰上快跑开辟了一个新时代。

荷兰是个填海造陆的国家，不少城镇街道本身就是水渠和河流，对城镇居民来说，春夏秋三季依靠船只作交通工具，而到了冬季，就穿上冰鞋，在结了冰的河面上滑行。农民要通过冰冻的河面尽快赶到市场邮递员滑冰为了快速传送邮件，征税员为了提高工作效率，所以普通百姓对滑冰速度非常关心。相反，对处于上层社会的贵族来说，他们滑冰则是为了追求一种高雅的绅士风度。有人在滑冰时穿着讲究，在滑行时高高举起腿，或者手臂举向天空，好像在冰上抒发感情，翩翩起舞，由此渐渐衍生出速度滑冰和花样滑冰的雏形。

当更加快捷、方便的交通工具出现后，冰刀也就失去了它原来代为工具的作用。而成为人们锻炼身体和娱乐的手段。

1724年，世界第一个滑冰俱乐部成立。1876年世界上第一个室内冰场——伦敦水晶宫冰场建成。

滑冰，以它特有的魅力吸引了成千上万的人。上至皇亲贵族，下至百姓。德国伟大诗人歌德一生酷爱滑冰，经常一个人伴着皎洁的月光在冰上自由滑行，他曾把滑冰比作一首生命活动的诗。他说：滑冰可以把我带回到童年时代，可以使人从老气横秋的生活中解放出来。

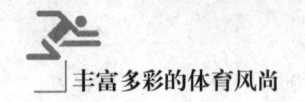

自行车运动的发明者

在当今国际体坛，自行车运动无疑是一项拥有悠久历史和深远社会影响的竞技运动。在欧美人的心目中，自行车运动与足球、网球一起，并称为世界三大职业运动。随着一年一度的健牌"环中国"自行车大赛的成功举行，自行车运动与比赛已经被越来越多的中国观众所喜爱。每年大批世界优秀职业自行车运动员云集华夏，在古老的"自行车王国"里掀起了一股自行车热潮。然而，你知道自行车是谁发明的吗？到底谁是创造自行车运动的祖先？让我们首先来回忆一下自行车运动发展历史：

1829年，在慕尼黑举行世界第一次自行车赛时，站在弯道两旁的人们只能看见飞起的乱石和扬起的尘土。赛手们都坐在"滚轮"之上，这种滚轮是由一名森林管理员——费赖赫尔（1785—1851）发明的（德国人）。他的想法既非凡又简单。当人们坐上"滚轮"就可以走得更快更远。"滚轮"结构同样简单，两个木制的圆轮一个鞍座。前轮是个方向操纵杆，人们必须借助双脚的运动推动和停止滚轮。1817年，费赖赫尔骑着他的跑动器进行了首次郊游。人们都嘲笑这位骑着"跑动器"的滑稽家伙。但是费赖赫尔仍然骑着被人们称为"不像马车不似马"的跑动器继续向前。同时他还与一位来自巴登州的高级官员打赌，并且赢得了这次打赌，费赖赫尔骑着他的滚轮，只用4小时就完成了长尔斯鲁危克尔的往返，而邮政局马车却用了15个小时，尽管如此，人们还是嘲笑这位古怪的森林管理员，也没有一个工厂愿意生产和销售这种"滚轮"。

1839年，一位名叫麦克米伦的英格兰人，发明了弯曲踏板，他将弯曲踏板固定在前轮上，并且用金属做成了自行车，真正的自行车才至此出现。一位法国人为了参加1867年在巴黎举行的世界博览会，制出一部得到改进的自行车。1869年英国人劳森发明链条式联动装置，此后空心钢管、滚珠轴承和充气轮胎的出现，才使自行车的结构性能更加完善。在这期间，发明家们不断创造出新式自行车，为此，人们进行了大胆尝试：带有蒸汽机的自行车，带有冰刀的冰上自行车，带有10轮的水上自行车，法国人还发明了五人自行车。还有人发明了带有风帆的自行车和带有淋浴的洗澡车等等。这些发明对以后的交通工具和自行车运动起了很大作用。

1868年在英国举行了首次赛车场自行车赛，最初的赛车场与跑马场近似，呈现椭圆形，车道平坦，当时跑道不仅有沙土的，还有黏土、煤渣、沥青、草地和水泥面的。1869年英、法两国举行巴黎—里昂的120公里自行车赛，是最早的公路自行车赛。

自行车运动作为一种群众性体育项目，最先在欧洲英、法、德、意几国得以迅速发展。现代体育的起源与发展与产业革命相关联，同经济发展有密切关系。19世纪末，自行车是进步的一个标志，当时报纸被称为"机器"的自行车，1904—1914年间，仅意大利就有1200万辆自行车运行。1911年3月创刊的杂志《自行车》文中说："这样一个如此优美、灵巧的小机器，这样一个能够唤醒人们沿着旅游路程进行愉快、鼓舞人心的旅游玩具，现在被列入国际比赛中最有价值的防御和进攻手段了。"可见，当时对自行车运动的发展是得到社会密切注视的。

自行车这个新的交通工具不能代替传统的徒步旅行，但却能完成长距离旅行。一些欧洲国家，抓住这一特点通过自行车旅游向民众进行爱国主义、独立公共意识教育，一些自行车俱乐部宣告成立，积极推动了自行车运动的发展。意大利"红色自行车运动员"协会，1912年成立，在成立大会上号召人们："革命的苍白的年轻人，你完成过什么变革？啊！革命的苍白的年轻人，你不应当得到革命的名字，没有能力训练自己身体去战胜内部的利己主义，或者显示他的气魄去振奋萎靡精神的人，不是一个革命论者，他只是一个没有能力的奋战者。"后来，许多中小城市都成立了

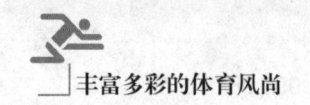

"红色自行车运动员协会"，1913年成立了"联合会"，大会表彰了一些优秀自行车运动员。

目前，世界上绝大多数国家都比较重视自行车运动。特别是欧洲大陆一再强调自己的自行车传统，几乎欧洲国家都有环国家自行车比赛。在西方体育界有一个非常流行的说法：环法自行车赛可以与世界体育盛会——奥运会和亿万人为之动情的世界杯足球赛并称为世界三大体育赛事。1995年，共有3200万观众观看了环法比赛，世界上100多个国家直播或转播环法自行车比赛。全巴黎1500万人倾城出动。场面极为壮观……从90年代起环法自行车赛每年净赚1亿多法郎，成为世界三大体育生意之一。然而，只有前面所说的自行车发明者费赖赫尔两手空空，他还发明了许多人们意想不到的东西，如打字机、碎肉机。至今只有一种行驶在铁轨上的巡道车仍在使用他的名字——人们用手来推动此车。

费赖赫尔发明了一台木制自行车，这好像是板上钉钉有了定论，然而近年考古学家在埃及和古巴比伦地下掘出来的断垣残壁中，以及欧洲那波利近郊古城邦贝的一些壁画上却发现一种外形很像自行车的车辆。据考古学家推测，很可能在1800年以前，已经产生了自行车。

自行车大赛始末

自行车已成为世界各国人民生活中不可缺少的用具。第一、二世界国家多用作健身器材，第三世界发展中国家多用于做交通工具，以车代步。

最初的人力运载工具是古希腊传说中戴达拉斯制造的。他为寻求自由，用蜡做成翅膀，从克里特岛飞到了西西里。而他的儿子依卡拉斯，却由于飞行时离太阳太近，翅膀融化，死于非命。

1790年，法国人梅·西弗雷伯设计出一种两脚踏地式木质"两轮走兽"。1816年德国人德莱斯，在蹬车上设计了方向控制系统，这辆车被世人公认为"真正的自行车"。1868年，巴黎钟表匠兼工程师，成功地造出链条传动装置，他这一发明给自行车发展带来了永久性意义，同时也给自行车用于运动竞赛创造了条件。

就自行车效率而言，它远比畜力或其他动力优越。距离相等，骑自行车所耗能量仅仅是步行的五分之一。如果把热量折算成汽油，相当于一加仑汽油载一人行驶3000英里。自行车载重可达自重10倍，它的传动装置可将人力的95%转化为有效能量。世界上最佳自行车运动员时速可达47.8英里。

自行车的设计花样繁多，功能各异，水陆空俱全。自行车的运动竞赛可以说从自行车诞生之日起就有了，只不过竞赛形式方法不同。由于运动竞赛的推动，人们在自行车设计和制造上经过多次改革，可以说走过一段艰难曲折的路。

竞赛者除了注意改善车轮设计，传动装置及原料外，多全力以赴地解决空气阻力问题。普通人力车辆如果以每小时20英里速度行进，每分钟可承受阻力大约为1千磅，即骑自行车人80%力量都用于克服阻力。而在时速相同的情况下，流线型自行车所承受阻力只有普通车50%。在没有空气或引力极小的月球表面，自行车可以轻易地达到每小时200英里。

减少空气阻力的办法不外有两个：改变外形设计或改变驾驶人的姿态。直立骑车姿态，无异于迎风立着一面墙；弯腰俯身，阻力会小得多；其中以仰躺或俯卧姿势骑车，阻力就更小。

1912年，法国人比诺·瓦里拉率先给自行车装上一个流线型外套。1933年，法国发明家穆谢，设计出双轮和四轮的躺式自行车，受到人们欢迎。

第二次世界大战后，由于国际自行车协会禁止在正式活动中使用流线型或躺式自行车，因此，这种流线型和躺式、卧式自行车比赛在世界各地

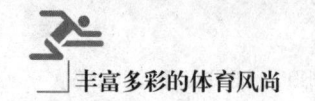

才销声匿迹。特别是在我国从来没进行过这种自行车的比赛。

1976年，国际人力运载工具协会成立，自行车才重新兴盛起来。设计翻新、技术革新、新纪录不断出现。目前世界上最快的自行车是美国人阿兰、沃格特设计的"维克多·埋德姆双人自行车"，时速达62.92英里，十分接近，"杜邦奖"规定时速65英里的要求。

与此同时，人力飞行器也突飞猛进发展，几年前一架叫"仿生蝙蝠"的人力飞机成功地飞越了英吉利海峡。新型的人力船也已创造出时速13.5英里好成绩。不久的将来，人力潜水艇亦将问世。这些自行车的孪生兄弟，将随着自行车的不断改进，它给人类带来越来越多的好处，其多功能的特点愈加显露。在1896年举行的第一届奥运会上，自行车就列为正式比赛项目。以后历届奥运会都被列为正式比赛项目。现在除每年一届的自行车世界锦标赛外，还有名目繁多的比赛，如公路赛、场地赛、越野赛、室内花式自行车和自行车球赛等。

场地及公路业余比赛，运动员都必须戴头盔，用以保护头部。运动员所穿短裤必须是黑色；公路赛必须穿白色袜子；赛场运动员允许不穿袜子或穿白色袜子。

赛车必须是人力踏动装置，车上不能安装风挡、防护外罩等减少空气阻力的部件。车长不得超过2米，车高不得超过75厘米。随着运动成绩的提高，自行车运动服装和赛车规则在允许范围内做许多改进，衣服出现紧身衣服，安全帽设计成泪滴形状，车架、车圈以铝合金代替钢，轮胎不光压缩空气，而是充以压缩氦气。最轻的赛车仅4.5公斤，车条不是圆形而是扁平状。闸线和变速线在车管中通过，不暴露在外。车轮没有车条，像两个盘子，有的车把像两只角。1980年"羊角把"和"盘状轮"的出现，使自行车运动进入了一个新阶段。

1980年莫斯科奥运会上，民主德国托姆斯用"羊角把"创造了1000米计时1分12秒955的优异成绩。1984年意大利名将莫泽而用"盘状轮"在4天内接连刷新7项世界纪录，创造了自行车史上的奇迹。

火爆赛车场

　　罗马帝国经过200年所谓和平时期，开始走向衰落了。当时社会上阶级矛盾越来越尖锐。当官的争权夺利，贪污腐败，奴隶主穷奢极欲，过着荒淫无度的生活。有个叫席马克的大官僚，为他儿子举行游艺庆典，7天中，竟花费2000磅金子。公元395年，狄奥西多皇帝去世，他留下遗嘱，把帝国版图分为东西两部，让他两个儿子统治东西两个帝国，东罗马拥有黑海到亚得里亚海之间的广大地区，这个国家叫作拜占庭帝国；而西罗马比东罗马大得多，包括现今意、法、英、比利时、奥地利等地中海西部国家。下面这个故事就发生在东罗马。东罗马皇帝查士丁尼是个顽固地抱着奴隶制不放的人。查士丁尼在527年当上皇帝后，首先下令把历代罗马人相传的各种法律收集起来，编纂成好几套法律书，被称为《查士丁尼法典》，法典肯定了奴隶制，处处要求奴隶服从主人，不得做任何反抗。有了这样一部法典他还不放心，他还组织庞大军队，欺凌百姓，如狼似虎。因此，随着查士丁尼的统治加强，人民的反抗也更加激烈。东罗马首都君士坦丁堡有80万人口，是世界上最大的城市之一。城里居住着许多手工业者和贫苦市民。他们不仅生活艰难，政治上毫无权利，他们能够参与的只有古罗马流传下来的体育娱乐活动。

　　当时最大的体育娱乐活动是传统的战车比赛。君士坦丁堡有一个可容纳五六万人的大型赛车场。每次举行赛会，上至皇帝宰相，下至手工业者、市民百姓，都来参加比赛或者参观。人山人海、热闹非凡，城区都有自己的赛车队，竞争十分激烈。比赛项目分四马战车和两马战车，两种战车比赛又有不同距离组别，上场比赛者有皇帝和皇亲官僚，也有奴隶主各城代表。比赛中经常有人仰马翻惊动人心的刺激场面，所以有极大吸引力。后来比赛渐渐形成固定派别。一般用该队衣服颜色作为标志，如穿红衣服的队，称之为红队。查士丁尼在位时，比赛最大的两派是蓝派和绿派。蓝派主要是以皇亲国戚、豪门贵族为主体，而绿派以富商税吏为主，这两派都没有下层普通市民参加。怀着对皇帝和宫廷有着共同仇恨，所以很容易联合到一起。在赛车比赛会上出现哄闹的时候，这些普通市民往往会一把把矛头指向臭名昭著的贪官污吏和政府大臣。因此，这个容纳几万人的赛车场渐渐成了群众进行政治示威的场所。

532年1月的一天，查士丁尼带着皇后和文武大臣来参加赛车会，这些人属于蓝派。因此，群众就不时高呼："尼卡（尼卡是胜利的意思）！尼卡！"表明他们要打掉皇帝的威风。这时正巧，蓝队和绿队四马战车赛竞争激烈，临到终点时，蓝队车手失误将车驾翻，绿队获得胜利！这时赛场群众兴奋异常，有人欢呼胜利，也有高呼"尼卡"，响彻云霄，甚至有人勇敢地喊出打倒贪官污吏的口号。一场赛场风暴演变成了政治风暴，许多群众挥动着愤怒的拳头，向皇帝和大臣们示威。查士丁尼一看形势不妙，命令警察出来镇压，结果触怒了所有观众。大家都站到反对皇帝一边。场上比赛被迫停止。人们高呼着冲出座席，一边和警察搏斗，一边涌向场外；接着就拿起棍棒刀枪、火把绳索，向官府、教堂和贵族宅地进攻。不大一会儿工夫，整个君士坦丁堡就落入了起义群众手里。平民百姓冲进监狱，释放无辜被囚的百姓，焚烧官府，捣毁了贵族宅第，公开处死几个人人痛恨的大臣……

在灭顶之祸面前，躲进宫里的查士丁尼惊恐万状，急着要逃走。忽然间，他想起在城外还有一支部队，起义群众忘记收拾他们。于是他派人同这支部队首领贝利撒勾结，策划镇压起义群众对策，他们为起义群众布下陷阱：

他假装对起义群众毫不介意，通知全城人民，要让大家欣赏一次更大规模的战车决赛。起义者上了当，被诱骗到原赛场，这时候，查士丁尼让贝利撒带着重兵偷偷进城，并很快将赛车场团团围着，然后下令屠杀，3万多名手无寸铁的起义群众被屠杀了。从此，拜占庭帝国处在查士丁尼更残酷的统治之中。

体育运动从开始就受到政治的制约，并作为一种手段为政治服务。赛车场风暴事件，在世界体育发展史上（在体育与政治关系问题上）给我们留下了深刻而生动的启迪。

速度与激情并行的赛车运动

赛车活动究竟始自何时，现已无从考察。笼统说来，在世界上第一辆汽车遇上第二辆汽车，彼此朝着同一方向行驶而且争先恐后之际，我们就可以说出现了首次汽车赛事。

世界上首次正式汽车赛事可追溯至1887年4月，比赛路程由法国巴黎至凡尔赛，再返回巴黎，全程32公里。法国人乔治·布东获胜。他驾驶一辆蒸汽发动机的"汽车"，用74分钟第一个驶完全程。不过这时的汽车和摩托车不予区分，凡是由"机器推动的车辆"均可参赛。因此，这时的赛车，可以说是汽车和摩托车赛事的共同祖先。

赛车运动的发展历史，也就是汽车工业的发展历史。赛车运动与科技发展同呼吸共命运，彼此相互依存和促进。由于汽车工业的发展，出现了多种型号的汽车，如1904年曼彻斯特工程师莱斯制造了以自己名字命名的双汽缸汽车，这样才使汽车赛和摩托车赛在赛场上分道扬镳。

1907年由法国雷诺公司成功地制造出XB双体旅行车，车高2.5米，发动机4缸3升14马力。这种新型汽车出世为汽车大赛创造了条件。

1904年成立的国际汽车联合会，在这种汽车工业迅速发展的形势下，决定定期举办各种型号汽车的世界锦标赛。

1907年，"国际汽车联合会"举办的北京至巴黎的长途汽车赛，获得了成功，对后来汽车拉力赛产生良好的影响。

1912年，英国推出了50马力的"伦敦—爱丁堡"赛车，1927年，法国生产出德兰治15—S—8大奖赛车，这是赛车史上最不寻常的赛车之一。在1927年举行的世界汽车大奖赛中，这辆车赢得了每场比赛胜利，它的速度之快，没有任何一辆车可以与之相比。但该车在最初参赛时曾因排热量和排废气量过大，驾驶员不能长时间在车中驾驶而在比赛第二阶段退出。这辆车重760公斤，时速超过了200公里，是当时最快的车。

1947年底在罗马举行世界汽车锦标赛，由法国人法拉利自己制造的汽车125S跑车，一举夺魁，引起世人注目。125S跑车动力装置12缸，马力为90马力，在当时是最先进的赛车。

1957年，马斯拉蒂250F跑车问世。当时法国人范吉欧驾驶这辆车，赢得5次锦标赛冠军。这一成功也极大地促进了刚刚投产的CT新颖车的销售。这种车，2.5升、6缸发动机，时速超过300公里。当时一流车手都争购这种车，对促进赛车运动发展起到一定作用。

1987年，美洲豹XJR—9型赛车代替了原先XJR—8型，多次参加美国和欧洲比赛。1988年，约翰尼·达姆弗莱斯和安迪·沃雷斯驾驶该车，赢得LEMANS24小时车赛胜利，他们行程达5332公里，平均时速221公里。1998年赛季里，美洲豹取得9场比赛胜利，赢得了世界汽车耐力赛冠军。

现代汽车赛多种多样，但在世界上具有较大影响的汽车赛有以下几种：

普通赛车比赛，这种比赛通常在赛车场跑道上举行，参赛车辆同时在预定的起点排位开出，最先完成指定圈数者为胜。在这种情况下，各车手争先恐后，互相追逐，只要没有倾覆或相撞损坏而中途退出，每辆参赛车都要完成指定圈数后，返至出发点，才算完成比赛，以最先到达参赛者为冠军。

汽车拉力赛是一种多日、分段的汽车比赛，在普通公路上或其他道路上进行，路面或柏油、水泥、砾石、沙土均可。参赛的汽车必须是批量生产的小轿车，或经过改装的车。短的拉赛有几天，长者可持续数十天，但比赛环境可以大相径庭。如瑞典的全国汽车拉力赛，便在北欧隆冬举行，途中经过冰封湖面，越过积雪地段。而在肯尼亚举行的拉力赛却在春天举行，参赛者经常冒着热带的酷热和风尘出发，中途又遇滂沱大雨，在泥泞路上苦撑到终点。

拉力赛将出发地到终点之间的路程分成若干个行驶路段和赛段，并在沿途不设给养站和休息站，在行驶路段行驶，参赛汽车受到一定速度限制，并须按规定时间抵达各路段终点，既不能提前也不能拖后，行驶中要遵守当地交通规则，违反规定将被扣分。在赛段中，赛车可以全速行驶，有时车速高达每小时200公里以上。在整个拉力赛结束时，以用累积最少时间跑完全程和被扣分数最少者为胜。

首次正式汽车拉力赛于1900年在英国举行，全程长1600余公里。路程最长的是1977年举办的拉力赛，全程31100公里，以英国伦敦到澳大利亚悉尼，共用46天。

目前，世界著名的汽车拉力赛有巴黎至达喀尔拉力赛，欧洲蒙特卡洛拉力赛和东非萨法里拉力赛。

F3（俗称三级方程式）比赛，按专业划分有一级方程式、三公升方程式（俗称F3000）、三级方程式三个级。三级方程式是步入职业方程式赛车生涯的第一步阶梯。F1级方程式大赛是仅次于奥运会和世界杯足球的世界三大体育盛事之一。每次一级方程式大赛期间，有201个国家和地区的电视台，近10亿观众将透过现场设置的30—40个电视摄影机位，收看现场直播。我国珠海市被国际汽车联合会（P1A）选定为1999年F1大赛赛程中的一站。这是我国自1907年以来（曾举办北京—巴黎拉力赛）第一次世界性大赛在中国设站。

丰富多彩的体育风尚

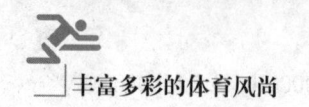

怎一个"F1"赛车了得

世界一级方程式赛车（简称F1）是目前世界上一项最精彩、最刺激、收入最多和最高水准的汽车赛事。1950年5月13日，在英国的银石赛车场举行了世界上第一场世界一级方程式锦标赛。初期的F1比赛，每年只进行7—9场；20世纪60年代开始每年举行11—12场大赛；70年代开始每年通常举行15—16场比赛；80年代后期每年举行16场比赛；到90年代，由于赛车运动迅速发展，各国都积极申办F1比赛，1995年的F1大赛增加到了17场。

世界F1大赛目前已成为深受亿万观众喜爱的竞技运动。据国际汽车联合会1994年统计，全世界收看F1大赛的电视观众10年累计已突破450亿人次；在国际汽车联合会举办的16场F1锦标赛中，平均每场有618位记者采访，他们代表了476家新闻或出版机构；每场F1大赛还有50余名电台记者在现场直播。由此可见，F1大赛水平之高、规模之大、影响之广！

根据统计，要建立一支一级方程式车队，资金最低也要1000万美元以上。这支队伍主要包括车手，他们必须持有国际汽车联合会签发的"超级驾驶执照"。每年拥有这种执照的车手不超过100人；车队工作人员，负责赛车维修和保养等；赛车管理人员，负责人力分配及筹集资金等工作。目前，每个F1车队的资金来源除了主要来自赞助商外，另一个非常重要的渠道就是充分利用赛车车身上的广告。80年代，较出色车队的一辆车身广告可获近千万美元的收益，较差的也可获百万美元左右。进入90年代以后，F1赛车广告收入倍增，有的已经达到2400万美元以上。这也就是我们所看到的F1赛车车身上画满各种色彩斑斓广告的最直接原因！不过，我们也千万不能小看这些广告商标，其制作工艺技术要求相当严格：其厚度在80微米以下，并含有特别保护层，即使在酷热气温下仍能保持色彩鲜艳。

至于车手收入，1991年，巴西车手、世界冠军塞纳的年薪是1200万美元，属最高一位。其他车手也在几百万到百万元不等。而到了1995年，1200万美元已不是顶尖，连夺1994和1995两年世界冠军的德国车手舒马赫的年薪已高达2400万美元。由此可见，拥有一支F1车队、拥有一名顶尖车手其开支是多么巨大！若再对照下列数字，就更令人咋舌：以万宝路麦克拉伦车队为例，每年度的F1大赛平均会预订1200间酒店房间（平均每场比赛订房75间）；每场比赛需要675张往来于英国总部至赛场的机票。1994年该队仅试车便订了500间酒店房间；仅到日本、澳大利亚进行的两站比赛，便携带了116个集装箱用具及三辆赛车，总重量达14000公斤。如此巨额的花销，没有雄厚的经济实力是绝对不可能的。这也就是第三世界国家F1赛车运动无法开展的根本原因。到目前为止，世界F1运动大多集中在欧美国家，在亚洲和大洋洲地区仅有日本和澳大利亚设立了两站比赛，以后将增加马来西亚一站比赛。F1车手也大多来自欧、美国家，在亚洲仅有日本、韩国拥有3—4名执有超级驾驶执照的车手（仅占1/25左右），而在80年代风靡F1车的日本本田发动机也让位于欧洲的雷诺V10发动机。看来，要这项居世界第三大赛事的运动在亚洲，在中国迅速发展起来，赶上欧、美的水平，真可谓是"任重而道远"。

战车呼啸，风驰电掣。亿万车迷对各路车王关注的同时，对赛车无疑会产生莫大兴趣。这种造型独特的赛车时速可达350公里，堪称陆地火箭。这种独特的赛车在构造上有哪些奥秘呢？

底盘是F1赛车的主要结构。它有一个燃料箱，在燃料箱的前面设置了一位车手的座位。实际上它就像一支装有4个轮胎的火箭。底盘质料的选

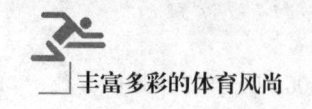

择借用了太空及航空科技研究的结晶。1981年，万宝路麦克拉伦MP／4赛车底盘以太空穿梭机的构造科技为基本理论，首创以碳化纤维制成底盘。这种最新的碳化蜂巢纤维板比钢铁的轻5倍，但坚硬2倍。

赛车燃料储藏在底盘上一个特制塑料燃料箱内。此箱可作车手靠背用，并以一条六点式设计的安全带将车手与该燃料箱紧扣在一起。车手双脚须挤放在驾驶座位内的三个传统踏板上——油门踏板、制动器和离合器。仪表则安装在方向盘之后，板上只设三个指示发动机操作的转数表、机油压力表及燃料压力表，至于一般汽车仪表上所设的速度表以往则没有装设。燃料消耗量全由电脑控制，现在车厂已在仪表板顶部加设一个电脑跳字表，准确显示燃料消耗量。在细小的驾驶座位内，只是一支长5厘米的小型变速杆，安装在车手的右方，以便车手因环境需要而随时改变行车挡数。

正规的一级方程式世锦赛从1950年开始。历史上，国际赛车联盟出于车手安全考虑，对发动机马力进行了一些修改和限制。1995年规定发动机容积为3公升，马力约为650至700匹之间。赛车发动机多是安装在赛车后半部，直接镶嵌在底盘之上。赛车发动机的动作和一般汽车基本上无异，但其附属部分则非常不同，例如赛车点火已采用高度先进电子科技。

F1赛车的变速器用螺钉直接装嵌在发动机后面，使它成为赛车底盘的一部分，这有助于稳定后悬挂系统。变速器内部设计既依照传统法则又有所不同。例如，通常我们非常熟悉最高档是四个或五个，但F1赛车则提供最少6个，甚至7个。1989年，法拉利河车队采用半自动变速系统，开创先河。他们将控制器安装在方向盘上面，车手可能将注意力更集中在比赛上，从此各大车队都发展自己的半自动变速系统。1995年万宝路麦克拉伦车队的半自动变速系统便有六个档位选择，平均每次换挡仅需2%—4%秒。赛车可在两秒内由静止增速到时速96公里，在4秒内由静止增速至160公里。变速器随时可在极短时间内改变齿轮此例，以调核发动机马力，适应各种赛道的特点，保证车手以最大马力在弯道、斜坡等路面飞驰，而不影响发动机转数。

　　F—1赛车的轮胎也与普通汽车不同。在干爽环境下，赛车采用一种"干地轮胎"，在湿滑情况下，由于"干地轮胎"没有排水坑纹，不能产生附着力，故须改用"湿地轮胎"，它的适当坑纹可将轮胎与路面之间的积水排去，保持车胎与地面的附着，赛车便可作高速飞驰。

　　赛车车身呈流线型，这种流线型设计，运用了气体动力学原理。在设计上，车身不但看来圆滑，而且增加了下压的力量。下压力量来自气流经过车身顶部而造成向下的坠力，使赛车不会轻易离地，而使之紧贴地面进行比赛。实际上，这与飞机的原理恰好相反。一级方程式赛车要利用扰流装置和翼子板增加气流和下压力量；而飞机的飞行则是利用气流将机身托起。如果一级方程式赛车不用扰流翼和巨型车轮，它本来可以轻而易举地把车速提高到超过350公里的最高时速，之所以如此，是考虑这种比赛的特点和车手的安全。

　　为了创造优异成绩，展示汽车制造新科技，参加竞争的世界各大车厂、车队几乎每年都要对赛车进行改进。1996年赛季，万宝路麦克拉伦车队使用的MP4／11（去年为MP4／10）新型赛车，侧重改进了控制能力，使发动机在6000至16000转速时也能保持极佳的控制力，这样可使赛车在弯道时更加自如。新型赛车还选用了一个全新设计的V—10型发动机，意在加强性能和加快车速。

　　一级方程式赛车的不断改进无疑反映了该车高科技的进程。然而，好马还需好骑手驾驭。原理在设计上，车身不但看来圆滑，而且增加了下压的力量。下压力量来自气流经过车身顶部而造成向下的坠力，使赛车不会轻易离地，而使之紧贴地面进行比赛。实际上，这与飞机的原理恰好相反。一级方程式赛车要利用扰流装置和翼子板增加气流和下压力量；而飞机的飞行则是利用气流将机身托起。如果一级方程式赛车不用扰流翼和巨型车轮，它本来可以轻而易举地把车速提高到超过350公里的最高时速，之所以如此，是考虑这种比赛的特点和车手的安全。

为了创造优异成绩,展示汽车制造新科技,参加竞争的世界各大车厂、车队几乎每年都要对赛车进行改进。1996年赛季,万宝路麦克拉伦车队使用的MP4／11（去年为MP4／10）新型赛车,侧重改进了控制能力,使发动机在6000至16000转速时也能保持极佳的控制力,这样可使赛车在弯道时更加自如。新型赛车还选用了一个全新设计的V—10型发动机,意在加强性能和加快车速。

一级方程式赛车的不断改进无疑反映了该车高科技的进程。然而,好马还需好骑手驾驭。

越野摩托的绝活

越野赛主要是个人赛,有时也有队赛,个人赛按参加比赛个人所取得的成绩评定名次。时间短者名次列前。队赛按全队运动员所取得成绩总和评定名次,时间短者名次在前,比赛按Lk赛规则行驶,违者判罚时间。

由于各个国家越野赛场的地形、地貌、土质、气候、障碍、难度不同,为了机会均等,全面反映运动水平,考验各国生产的赛车,世界摩托车越野锦标赛,每年分别在12个国家举行。计分方法按运动员全年连续参加在不同国家举行比赛成绩既评定每次比赛名次,又累计名次比赛得分,最后评定世界冠军。

125+250+500=875这道简单的算术题,竟成了一种国际大赛的起源。事情的经过是这样的——在一次骑手们的集会上,有人提出:"在我们中间,到底谁的车最快?"大家互不服气,都说自己的车最快。"那就比比看吧!"但是问题出来了,这些骑手们的车排气量三种级别都有,怎样比法最公正?答案是:每个选手三种级别都参加,按成绩计分,谁的总分最高，谁就是跑得最快的人。这个提案得到有关方面的支持，于是一种空前规模的综合性越野赛这样诞生了，事情发生在1985年的荷兰。当年就举行了首届"875"越野赛，其后每年进行一届，规模越来越大，各国强手纷纷前往参加，终于成为国际性大赛之一。

这种比赛看来简单，但实行起来却不那么容易，由于三种级别的赛车在构造、性能、重量、驾驶方法等方面各不相同，能够同时熟练掌握三种车的全能选手实不多见，而这也正是这种比赛特别引人入胜之所在。常言道：能人背后有能人，世界之大，总会出现超凡的人才，例如迪布·斯特刹博在首届"875"越野赛中，获得125CC和250CC两级第一，500CC级虽居第三，但总分仍占首位，夺得冠军。那年他才17岁，他成绩如此之好震惊了世界。

迄今为止，"875"越野赛已举办了4届。几年来的经验证明：这种大赛的意义远不只是发现人才，更重要的是它鼓励骑手们向全面型发展，对年轻选手来说则是向未知方面进军，是使他们的技术水平迅速提高的绝好机会，因此"875"大赛越办越红火。

近年来，荷兰的体育事业蓬勃发展，拿足球来说1988年夺得欧洲锦标赛冠军，在摩托车越野赛方面，他的地位也在逐年上升，过去比利时曾以越野赛王国称雄欧洲，而现在的势头已转移到荷兰。一批世界级的车手，脱颖而出。1988年在美国田纳西州举行的世界越野锦标赛上，荷兰选手的成绩几乎压过当地的美国选手，因此赛车界人士的眼光，已集中到荷兰这个新兴的赛车王国了。荷兰首创"875"越野赛，这在摩托车发展史上是一个有益的贡献。

如果有人提问，世界上的摩托车大赛是以什么来计算最后比赛成绩的？也许大多数人会毫不犹豫地回答——速度。

然而，世界上却有一种摩托车赛，也是目前世界上唯一的不是以速度，而是以在规定时间内，检验运动员控车技术，技巧及通过障碍的能力，来决定比赛名次的摩托车赛——世界摩托车障碍检验赛。

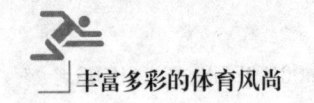

比赛线路一般是在20公里以内，选择和设置几个独立计分的障碍区，以标志牌和标志带为限制路线。比赛时，车手要把全部精力和技巧用于克服赛段上的一个个看上去无法逾越的障碍物——巨石、陡坡、沙坑、水流……

裁判根据车手跨越障碍时的表现来评判，稍有闪失便要被判罚分。单脚触地一次判罚1分，双脚只能着地一次，且判罚3分，如果使摩托车处于静止状态同时又双脚落地，则判罚5分，如果车手一次被判罚10分，即为漏过一个赛段，那么，车手将被取消比赛资格。最后，以被判罚分数最少者为优胜。

国际摩托车运动联合会每年举办一次世界障碍检验锦标赛，分别在12个国家举行12场，评定每场的成绩后，再将12场积分累计，最高者为当年的世界冠军。

这项新奇的运动征服了无数青少年，人们为车手们在精彩纷呈的障碍上那种"八仙过海，各显神通"的完美和谐的高超技艺所陶醉，并惊叹地将其称之为"摩托车杂技"。摩托车障碍检验赛在欧洲极为盛行，目前日本有后来居上的趋势。

在日本，每年进行国际A级、B级全国障碍检验赛，每级别以10场积分评优胜，一般使用250CC专用检验赛车。其他还有青少年级比赛、地区性比赛等等。他们常利用有看台的场地，在场地上人工设置各种难度很大的障碍，用木材钉、竹子绑、铁管焊，把废旧的大型轮胎、电缆轴、油桶等等都派上用场，设置成梯阶桥、高跳台、起伏路、限制路等等连成比赛路线。

摩托车运动除国际的各种传统比赛外，各国还可以根据本国情况设置各种比赛项目。我国的场地障碍物就是如此。它是在长100米，宽80米的场地上设平衡木、蛇形路、封闭圈、8字路旗杆、连续窄弯、绕板、独木桥、跳板限制门、土丘、弹坑、停车线等人工障碍，要求运动员在规定时间内顺利通过上述障碍。

德国体操风靡世界

我们都看过如《夏伯阳》等表现世界一战二战的电影，德国军队严整划一的队列及带着冷酷表情等镜头，会给人留下深刻印象，但你可知德国军队的队列训练的严整还需"归功"于德国体操的兴起和发展。

德国体操曾与瑞典体操并肩在世界体育史上名噪一时，影响颇深，几乎波及欧洲、亚洲各国。

德国体操是以器械为中心，重视民族主义和意志教育具有突出的军事性。所以有的学者称为德国体操是"披着快乐外衣的劳动"。

德国是较早实施近代体育的国家。18世纪下半叶到19世纪初，德国资产阶级还比较软弱，它既向往革命又害怕革命，不敢发动政治斗争，只从思想、文化方面表露反封建的要求，体现在新人文主义运动，使德国出现了一派欣欣向荣景象。在新人文主义运动中，德国的一些教育家受洛克和卢梭教育思想的影响，反对封建主义教育，提倡泛爱主义教育。要求热爱儿童，主张培养掌握实际知识、健康乐观的人。他们重视体育，认为健康的身体是儿童心智发展的基础。德国教育家巴塞道创立了著名的泛爱学校——德绍学校，把体育列入正式课程，将古希腊、传统骑士项目和民间项目糅合在一起，创造德绍五项运动：跑步、跳高、攀登、平衡、负重。学校改变了传统的体育模式，采用按年龄选用教材和分组教学方法。出现了近代最早的体育教师，这所学校每天5小时读书，3小时体育，2小时手工劳动，夏季有两个月的野营。在野营期间一面进行自然考察，一面组织打猎、钓鱼、划船、游水、爬山等。

在泛爱主义教育实践中成长起来的著名的体育家顾茨姆斯，他在一所

丰富多彩的体育风尚

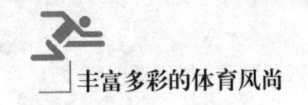

泛爱学校里任体育教师时,他创造发明了平衡台、软梯、山羊等器械以及滚翻类等体操动作。他还把德国体操进行归纳整理,分成11类,构成德国体操初步体系。他还系统总结了德国近代体育发展经验,成为早期德国体操之集大成者。被称为"德国体操之父"。

1806年,法国拿破仑军队侵入德国,引起了德意志人民的憎恨,在举国上下要求强兵习武、健身卫国的社会背景下,德国体操有了新的发展。军民都重视体育锻炼,体操变成了青年服兵役的准备运动。在这股开展体操运动的潮流中,涌现出不少爱国体育家,其中最著名的就是:路德维希·杨(F.L.杨)他本人家乡多次被法国军队占领因而思想中充满强烈民族主义情绪,他极力推崇德国体操中的兵式体操,力图通过体操培育德意志民族感情,他认为真正的国民教育应能培养未来国家保卫者和理想国民。体操正是这种教育的最重要手段。他呼吁加强体育场所建设,1811年,他在柏林附近哈森赫德荒野上,领导修建一个体操场,场内设置新颖而完善的体操器械,成了全德体操活动基地。他创造了双杠,改进了木马和联合器械。他著书立说,在继承和完善顾茨姆斯体操体系基础上,形成著名与世的杨氏体操。故而被称为"德国国民体育之父"。

柏林体操家们为进一步发展体操运动,由杨氏组织建立了"体操协会"。1812年正式成立,这是近代最早的体育组织之一。为了培养会员的共同思想感情,规定了某些一致的生活方式,彼此平等相待,不分贵贱,饮食简朴,强制性练体操,共唱爱国歌曲。操练体操时特别注重组织纪律,顽强意志和进取精神的培养。做体操动作前和动作结束后都有刻板一致的要求并一律使用本国体操术语。他们还非常重视体操教师的培养,为此在各地成立体育学院。教学和学习主要内容是体操和军训。

德国对体育,尤其对体操如此重视的"醉翁之意",引起了欧洲各国警惕,一时间体操在欧洲各国风靡开来,与其说他们是对体操的青睐,倒不如说是在扩军备战。

萨拉热窝的枪声导致了第一次世界大战的爆发，然而不可一世的威廉二世还是以失败告终。战后德意志统治者竭力恢复封建专制统治，禁止自由主义思想传播，1819年杨氏受到一个案件无辜株连，而被捕入狱，坐了6年监牢。杨氏体操也被禁止。1842年才得以解禁。

在杨氏体操被禁的22年间，德国体操一度冷落，继杨氏之后，又有许多体操家为复兴体操而做出贡献。其中功绩最大者是司匹斯，他编制了一套适合各级男女学校体操教材，并增加了不少新内容，如协同体操、秩序运动、徒手体操，并给体操配上音乐。他还创建了体操馆。著有《学校体操》《体操理论》，他的主要贡献是进一步发展了学校体操，因此被誉为"学校体操之父"。

19世纪中叶，德国并未从侵略战争失败教训中清醒过来，而是认为失败原因在于自身军队数量和素质不够强，于是更加重视体操作用。甚至不惜将美丽的公园改成体育场，几乎每个城市都指定专用土地建造运动场，各种体操协会会员达到数百万之多。德国体操流传到许多国家，对近代体育发展起了较大促进作用，但后来染上浓重的军国主义色彩，被统治者利用作为战争工具，又是极其可悲和不幸的。

艺术体操尽显旋律美

有一项运动是女子所特有的，它以优美的舞姿、纯熟的技巧以及与之和谐的音乐展现在观众面前。流畅的动作表达了乐曲的情感，蕴含着青春活力，如入诗情画意之中，令人流连忘返，美不胜收；愈来愈受到广大群众的欢迎，这个运动项目就是艺术体操。

"艺术体操"一名是在50年代由原苏联传入我国。是从俄文翻译而

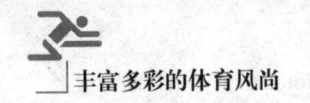

来。但在英、美、加拿大、法国等国家称之为："Modern Rhythmic Gymnastics"（韵律体操）简称M.R.G.，在日本称之为现代体操。可见，世界上对这个项目有不同叫法。

艺术体操起源于19世纪末，它的产生与当时的教育改革、青年和妇女体育运动发展有密切关系。改革家们认为，德国体操、瑞典体操是孤立、机械的肢体运动，应当以广泛科学为基础，创造出一种自然的、省力的新体操来代替凝固化的旧体操。

一些生理学家、音乐家、舞蹈家为现代体操在理论上指出方向做出了贡献。当时典型人物乔治·德迈尼，是一位生理学家，他对瑞典体操进行了深入研究，认为瑞典体操缺乏科学性，动作不自然和静止，而他认为女子体操应发展正确姿态、柔软性、运动技巧和动作艺术性，也就是动作应柔和与优雅。另外被誉为"现代舞之母"的依沙多拉·邓肯，从现代浪漫主义、自然主义美学原则出发，主张体操动作应表现自然，与自然结合，要求动作连贯，不应静止。她的理论与实践，对艺术体操的产生发展有直接影响。

另一位是瑞士日内瓦音乐学校教师台尔克罗兹，他认为不仅是舞蹈家和艺术家需要学习节奏体操，而且对培养音乐家也是十分需要的。他创造了带音乐的体操，即使身体动作和音乐节奏感情相吻合的专门练习。

法国是产生艺术体操较早的国家。着重节奏和音乐的现代体操代表人物情德，创造了有价值的身体波浪动作和表情的身体动作，创办了20余所学校专门教授现代体操，甚至还与当时的古典芭蕾舞相对抗。

艺术体操真正成为体育教育的一种手段，是苏联十月革命后。1935年，列宁格勒和莫斯科体育学院开始开设艺术体操课程。艺术体操成为竞技运动项目，那还是20世纪40年代的事。1948年、1952年、1956年三届奥运会竞技体操比赛规定，每队必须参加包括一个带轻器械的六人团体项目。这可算是艺术体操国际比赛的初级形式。1956年后，由于技术发生变化，艺术体操和竞技体操才开始分家，各自成为一个独立项目。

艺术体操和女子自由体操犹如一对孪生姐妹,有许多相同之处。如它们都必须在音乐伴奏下,在12米见方的地毯上进行。所不同的是女子自由体操是女子竞技体操项目之一,是徒手的,不允许带任何轻器械,除了完成一些跳步、转体和舞蹈步外,还要完成高难度手翻、空翻等技巧运动动作,但艺术体操则不允许做这些手翻空、翻动作,而主要是通过跳、转体及优美的身体动作,利用轻器械的变化动作来体现难度。艺术体操在比赛时必须手持轻器械,目前国际上比赛项目有彩带、圈、球、绳和火棒等五项。

国际艺术体操历史虽短,但近些年来技术发展很快,表现在动作中难度加大、动作速度加快,几乎没有停顿,手持的各种器械包括球、带、圈、绳、棒,无论是团体和个人,动作变化多样。各种器械都有高抛(高达6米以上)并且采用手和脚来抛接。艺术体操的徒手难度,主要通过连续跳跃的高度和开度,以及转体的度数的增多和舞姿优美而稳定来体现。在成套编排中,应创造出灵巧的小杂技性动作。总之,艺术体操在朝着难度大、编排巧、质量高、动作美、音乐配合协调方向发展。

艺术体操是以艺术和优美为其特征的运动项目。

"艺术体操太美了,是美吸引了我"看过艺术体操比赛的人都异口同声的说。是啊,美有奇妙地吸引力,可艺术体操的美在哪里,美的魅力从何而来?

综合了体育、音乐、舞蹈、美术、造型、表演艺术优点的艺术体操,以它健美的体形、优美的动作、动人的音乐,美丽的服装、创新的编排以及顽强勇敢的精神美来感染观众。

艺术体操运动员身体体形符合人体健美标准。如上下肢比例符合和接近"黄金分割律"即1∶0.618。假若运动员身高1.61米,那么,下肢长约1米。这种亭亭玉立的形体给人以美感。诗人荷马早就说过:"单凭扩大腿和脚的尺度,就可以产生一种崇高的仪容。"

艺术体操动作造型要符合形式美的法则。如整齐一律变化统一律、和谐律等，如和谐美在艺术体操中，被艺术大师称为"S线条曲线美"的形式。在我们看艺术体操表演时，如果运动员手臂动作直来直去、硬僵僵，那就产生不了美感，若手臂如图中所示那样，成S形，就给人以柔和流动的美感。至于艺术体操中的音乐和服装也必须符合和谐律的法则要求才能产生美感。

使艺术体操更"艺术化"，是未来艺术体操发展方向，自然也需要我们不断地探索，不断地发展。

体操歌

人们大都唱过提倡锻炼身体的歌曲，诸如《早操歌》、《锻炼歌》之类。的确唱着这样的歌，使我们精神为之振奋从而更加热爱体育并投入到运动锻炼之中。现在这种题材的歌曲常见，但是你可知道最早的群众歌曲——学堂乐歌中的一首《女子体操歌》吗？

自1840年鸦片战争后，由于帝国主义野蛮的侵入，西方文化也随之传入中国。当时一些爱国知识分子除积极宣传科学与艺术外，还把体育作为强国强民的一种手段，把兴起体育作为反帝反封建的一项内容。清朝末年，纷纷兴建的新兴学堂，破除封建私塾的教育方法，设立乐歌课，提倡体育锻炼，于是开始了对青年学生的体育和美育教育。他们把外来的歌曲曲调填上适用的新词，教青年学生咏唱。用群众歌曲宣传体育运动的好处和号召人民大众，藉以改善人民健康状况，抛掉帝国主义冠以中国人民头上的"东亚病夫"的侮称。这样，在我国最早的群众歌曲——学堂乐歌中，就出现了一些以体育锻炼为内容的歌曲，《女子体操歌》就是其中一首。

《女子体操歌》共有两段歌词：

"娇娇这个好名词，决计吾们不要，吾既要学问好，吾又要吾身体好。操二十世纪中，吾辈也是英豪。"

"娇娇这个好名词，决计吾们不要，弗怕白人那样高，弗忧黄人这样小，操二十世纪中，吾辈也是英豪。"歌诗简易明了，富有号召力。在腐败的清政府即将灭亡之时，唱出女子不做娇娇小姐，要学问好，也要身体好，只要不断操练，尚可称英豪。这种提倡体操锻炼，要求妇女解放的思想，正是当时反帝反封建思潮的一个具体表现，是很有进步意义的。

事隔半个多世纪以后的今日，在中华大地上又兴起了女子体操热，不过现今不是往日的那种操，而是一种新的健美操热。在街道称作"街头圆舞曲"。这是一种综合了东方医学、气功、有氧运动和迪斯科舞各种要素的体操，其特点是不给身体造成大负担，却有消除脂肪和愉悦身心的运动效果，很受妇女欢迎。健美操也要在音乐伴奏下进行。健美操歌曲多种多样，其中有一健美操歌词是：

"前屈体，后挺身，两臂向上托住天，精神好，面带笑，锻炼胜过任何药。"

"左挺挺，右摆摆，屁股也要扭一扭，勤锻炼，身体强，体操胜过健脑灵。"

1979年，中国开始普及健美操，到了1986年，健美操被幼儿园、中小学、大学采用为体育教材。此后第二年，健美操被介绍到日本。现在健美操协会认定的健美操教练约有800人。日本健美操协会常务理事金京子说："健美操是一种动静结合的体操，不仅要进行呼吸运动，而且在一定程度上还要运动身体，增加心跳次数。另外，为了有节奏的运动身体，还要播放与动作协调一致的音乐，这些都是吸氧运动的体现。"

自从改革开放以后，中国社会更稳定了，人民生活水平逐步提高。街头晨舞，早晨随着电视做健美操，已蔚然成风。那些白发的老太太在众目睽睽之下扭呀，跳呀，自得其乐，容光焕发。那些舞姿优美的，在观众称

丰富多彩的体育风尚

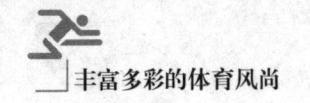

赞的目光中做得更潇洒，跳得更自如，在这跳跃、旋转、扭动中获得了健康。一位生理学家说得好，"运动可以代替药物，但是任何药物代替不了运动。"

果敢刚毅的鹰派体操

我们的生活，好比一幅美丽的画卷，五彩缤纷，绚丽多彩。如果用科学的眼光来看一看，你就会发现，在你面前竟是一个运动着的世界：日月星辰的东升西落；变幻无穷的云彩；奔腾咆哮的海洋；直下千尺的飞瀑；潺潺歌唱的小溪……芳林新叶催旧叶，流水前波让后波。世界上一切都在运动着。而运动的形式是多种多样的，体育运动也是诸多运动形式的一种。人类至今创造数以百计运动项目，这也是创造奇迹的人类杰作，在繁花似锦的运动项目中，有一项运动很能体现人的生命活力，很能体现人体运动美和运动形式的多样性，这就是竞技体操运动，它的特有的艺术魅力，愈来愈受到人们注视。那么现代竞技体操又是如何产生和发展起来的呢？这里所说的竞技体操是指整个体操运动的一个独立分支，为了同普通体操相区别，所以称之为竞技性体操，它包括竞技体操、技巧运动、艺术体操三个分支。

体操运动是一项十分古老的运动，而竞技性体操却是比较年轻的，它产生于近代19世纪中叶。它直接起源于"鹰派体操"。

鹰派体操是19世纪60年代捷克斯洛伐克的一个体操学派。"鹰派"原是一个体操联盟组织，称之"Falcons"即"雄鹰"，其会员有35万人之多。鹰派体操家们，综合了德国体操、瑞典体操、丹麦体操而形成一个新的体系。这个体系在不否认卫生、军事目的前提下，提出体操运动要优美而吸引人，十分强调动作形式美、注重运动员的形体美和服饰美。鹰派体操家们还提出"运动员所做的每套动作要像雄鹰一样矫健有力，要像大海一样波澜起伏变化多端"。这些都是现代竞技体操的一些突出特征。

鹰派体操是怎样继承了德国、瑞典体操的一些积极研究成果呢？

18世纪初，战争频繁，一些资本主义国家，将体操运动与军事训练相结合，使体操运动活跃起来。资产阶级产业革命推动了自然科学发展，使体育建立在自然科学基础上，促进了近代体操发展，国际上开始形成了新兴体操学派。德国体操学派认为"器械练习是发展力量、增强意志品质的最好方法"。瑞典体操学派重视增强肌肉力量和身体协调均衡发展，瑞典亨利克·林，从事解剖学和生理学研究，并把这方面科学知识应用到体操中去，他认为体操必须符合人体各器官运动法则的身体运动科学。瑞典体操操练严格，卫生价值高并有系统教法。鹰派体操家们对上述各学派的优越之处，认为加以吸收并加以发展。使得鹰派体操集众多体操学派精华而形成新的体系。他们注重发展器械练习和体操动作的科学性，又突出动作的优美表演性。鹰派体操家经常组织街头体操表演，在大规模游行中进行整齐一致、优美动作的表演。如在行进的汽车上立起单杠，运动员做大车轮（环迴）表演。惊心动魄，充满艺术魅力，深受广大青年少年欢迎，也曾轰动世界。

鹰派体操特别注重体操与艺术的结合。讲究体操动作外在形式美，动作创造要符合整齐一致律、变化统一律、和谐律、黄金分割律的美学形式美原理。

鹰派体操还认为，体操运动是健与美的结合，它将美寓于健中，健美融合，造就出优美的体形。

鹰派体操还吸取了德国体操给体操配音乐的长处，十分强调音乐的作用。音乐美具有美的感化和教育作用。体操中许多项目离不开音乐伴奏（尤其是女子艺术体操和女子自由体操）。有的音乐模拟大自然，似松涛的歌唱，鸟儿的啭鸣，百花原野的春意，能激发人的回忆联想；有的音乐高

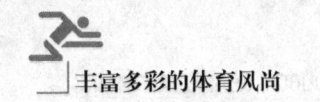

亢激越，雄壮刚健，能使人热血沸腾，精神振奋。

体操服饰也是表现美的一个方面。体操服利落大方，很合体，便于运动，女子体操服能表现出女性曲线美，男子体操服能增加动作线条美并体现出男性强健挺拔的美感，选择色泽鲜明、协调的体操服，还能运用色彩对比，充分体现出体操运动创造美的艺术特点。

鹰派体操家的另一项变革就是开始制定简练、生动的体操术语。如跳马水平腾越称为"燕式"腾越，一直沿用至今。在鹰派体操影响下，世界体操运动沿着专一方向发展。使竞技体操成为一个独立分支发展起来、在世界范围内竞技体操开始举行各类比赛，竞技体操在世界各国越来越广泛地开展起来。

体操赛场上的"发明家"

在现代竞技体操发展史上，产生不少体操发明家，他们发明创造一些新的动作，或者创编新的套路，使得竞技体操愈来愈丰富，越来越具有生命力和新奇的魅力。在这众多的发明家之中，有两位体操家最为突出。他们的发明创造具有划时代意义。

第一位是驯马大师马乔尔。马乔尔是匈牙利体操运动员，1953年12月生于布达佩斯。马乔尔从小热爱体操运动，14岁就获匈牙利少年奥运会冠军。在1969年和1970年世界青年体操邀请赛上，他首次击败苏联著名选手安德里昂诺夫。

马乔尔被誉为"驯马大师"，其实他生平只骑过一次马，那还是为了满足一位摄影师的拍照摄影要求而骑上马。这位驯马大师不是驯的奔驰骏马，而是男子竞技体操中六项之一的鞍马。70年代，在他所参加的大型比赛中，战胜天下所有好手，囊括所有鞍马金牌。特别是他以惊人的天才，创造了鞍马活动一些具有划时代意义的技术动作，从而使鞍马完成了一次技术革命。他为世界体操史写下了光辉的一项。为此，国际体操联合会给他以特殊奖励。

1972年，马乔尔首次参加奥运会大型比赛。就在这次比赛中，19岁的马乔尔打破了鞍马左右横向移位的传统惯例。第一个表演了向前后方向，即纵向的全旋移位。在做双腿全旋时，他从马的一端经过环上、环间，前移至马的另一端。这个全新动作后来命名为马乔尔移位。有趣的是，当时在场的国际体联主席竟认为他是失去平衡而出现的错误。后来成为体操界笑话。他的表演成功，引起体操界轰动，人们都以羡慕的眼光注视着这位第一位敢吃螃蟹的人。

马乔尔的成功原因中有他身体条件上的优势，他手臂很长，鞍马支撑时，身体重心高，有利于做各种全旋，但更重要的原因是他刻苦训练，敢于创新。在他的全套动作中，除了上述的"马乔尔移位"外，还有另一个以他名字命名的难尖动作："马乔尔转体"，即在做纵向双腿全旋时，以快速节奏绕身体纵轴转体360°。该动作在体操史上史无前例，被称为鞍马项目划时代伟大创举。许多高级体操选手如李宁、李小双等都学会了这动作，但当时马乔尔发明这一动作时是经过成千上万次撞击鞍环失败、剧烈疼痛而最后成功的。

第二位是杠上老将京格尔。京格尔是联邦德国法兰克福人。他11岁开始练体操，他是70年代最优秀的单杠体操选手，在1973—1978年曾多次获得世界杯赛单杠冠军。特别是他敢于在单杠项目上创新攻难而闻名于天下。在重大国际比赛中，他第一个完成后空翻两周加转体720°下法；独创了后空翻转体180°抓杠的高难动作，该动作被国际体联命名为"京格尔空翻"。他的全套动作中还穿插一个难度很大的单臂转体360°的动作，在国际比赛中，他的单杠成套动作多次获10分。

京格尔还是体操界公认的"美男子"，深受各国观众喜爱。在联邦德

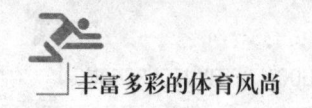

国曾有不少年轻人把他作为崇拜的偶像和模仿的样板。不少人的目标是"当京格尔",其真正含义就是当一个有独创精神的世界冠军。

除了上述两位体操发明家外,中国运动员发明的体操动作最多。以中国人命名的体操动作就有自由体操中的童非、李月久、娄云;鞍马中的童非、李宁、王崇升;吊环中的李宁、李宁2、李小双;跳马中的娄云;单杠中的邹利敏、肖瑞智。

魅力四射的体育舞蹈

像一片飘洒的云,像一轮清新的月。体育舞蹈,集服装美、音乐美、体态美、舞蹈美于一体,被称为"永恒的真正艺术",为广大人民群众所欢迎。

现代生活需要现代化节奏;现代化节奏,塑造了现代人的意识。明快、活泼、富有时代动感的体育舞蹈,将人们从忙忙碌碌的现代生活节奏中引向轻松、舒展、娱乐、强身的浪漫艺术境界之中,去尽情享受人类应有的美好休闲时光。

据考,体育舞蹈是19世纪由英国人率先创造的。由英国皇家舞蹈教师协会根据当时英国十分流行的社交舞经过制度化、规范化整理,派生出延续至今的体育舞蹈。人们又习惯称体育舞蹈为国际标准交谊舞。因为它有相当强的竞技性和严格的规则,既含有普通舞蹈的文化艺术内涵,又具备体育竞赛形式,所以,现在人们更多叫它为体育舞蹈。

体育舞蹈分为现代舞即交谊舞和拉丁舞两大类,包括:华尔兹、探戈、狐步舞、快步舞、维也纳华尔兹、桑巴、恰恰、伦巴、斗牛舞和牛仔舞等共十个舞种。

交谊舞为：华尔兹、探戈、狐步舞、快华尔兹和快步舞五种。华尔兹原是德国南部和奥地利的农民舞，18世纪末流行于社会舞厅，施特劳斯的圆舞曲使其成为舞中之王，探戈起源于非洲，后在阿根廷流行，以舞姿爽快、俊俏、洒脱而著称。狐步舞在20世纪初流行欧美仿狐狸走路姿态而成，其特点平衡大方，悠然从容，快华尔兹和快步舞是欧洲传统的宫廷舞。

拉丁舞为：桑巴、伦巴、恰恰舞、斗牛舞和牛仔舞。桑巴始于巴西，是当地狂欢节的主旋律，传入欧美后改良而成，跳起来给人朴实欢快的感受；伦巴原是古巴的一种黑人舞，曾风靡英伦三岛，令人轻松愉快；恰恰舞起源于古巴，男女离身而跳，多为女子领舞、舞蹈的许多设计是模仿企鹅的动作，雅而不俗，颇有趣味；斗牛舞最早于西班牙、在轻快的进行曲中起舞，富有西班牙斗牛士风格，30年代时就风行欧洲；牛仔舞来源于美国南部，舞伴可以变换位置，此舞要求腰部自然扭动，扭动越自然越好。总之，交谊舞的特点是轻柔舒展、舞姿婀娜，节奏缓慢，一派绅士风度，而拉丁舞则热情奔放，节奏轻快，自由活泼。

体育舞蹈比赛必须按规定着装，运动员技术水平的评判主要由音乐节拍的吻合，身体基本姿势、舞蹈动作，旋律掌握和音乐理解，以及舞步等方面判定。

在近百年的历史长河中，体育舞蹈就像一棵常青树，始终焕发着青春的魅力。人们热衷于它高尚、优雅的舞姿，沉浸于它美妙动听的旋律，崇尚它高超诱人的技艺。它还像一种形体语言，默默沟通着人们的情感世界。它很快从欧洲传播到美洲、澳洲、亚洲……职业世界体育舞蹈总会和业余国际体育舞蹈协会先后成立。一年一度的世界体育舞蹈锦标赛、世界杯体育舞蹈等赛事也相继出现。1998年在日本千叶还举办了残疾人首届轮椅体育舞蹈锦标赛。有22对选手参加。

1995年4月，国际奥委会正式确认体育舞蹈为奥林匹克大家庭的一员，为国际奥委会所承认的项目。

丰富多彩的体育风尚

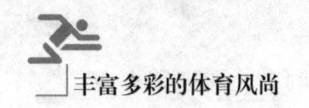

我国开展体育舞蹈尚不到10个年头。为了将我国的体育舞蹈引向正规化，1986年，中国对外友好协会邀请日本国际体育舞蹈大师成濑时博先生访华，传授规范的体育舞蹈。此后，中国的体育舞蹈开始向正规化迈进。

1991年5月，中国体育舞蹈协会在北京成立，并很快建立了体育舞蹈训练中心，培养了一大批优秀的体育舞蹈教师和裁判，并在全国范围内先后组成了30多个省市的体育舞蹈协会网络。协会至今已举办了五届全国体育舞蹈锦标赛。上海、北京、广州等地先后举行了多次规模盛大的世界性体育舞蹈大赛。

1992年5月，中国首次派代表团参加了世界最高层次的体育舞蹈大赛——第70届世界体育舞蹈锦标赛，并取得了现代舞团体舞比赛第三名的好成绩。

中国的体育舞蹈开始在世界上崭露头角，它的成功得益于社会的大力支持，更得益于坚实的群众基础。

我们有理由相信，中国的体育舞蹈将随着全民健身热的兴起而走向辉煌。

当华尔兹碰撞探戈

华尔兹和探戈是两种截然不同的体育舞蹈，可是，它们在欧洲迈出最艰难的头几步时，却有过相似的遭遇。

华尔兹是起源于奥地利民间的一种三拍子舞蹈。舞时两人成对旋转，动作轻快飘逸。18世纪后半叶，华尔兹轻快地跨越过欧洲许多国家的国境线，19世纪起则风行于欧洲。

歌德的《少年维特之烦恼》于1774年在德国问世。这部小说里有这样一段与舞会有关的情节：绿蒂对维特说："我们这儿规定，女士要和固定的男舞伴跳华尔兹。"维特在同绿蒂跳过舞后心中暗暗起誓："这是我心爱的姑娘，我要她除了我永远不和别的男子跳华尔兹。"

后来，华尔兹传入巴黎，当时有一位法国作家曾辛辣地讥讽道："我明白了，为什么母亲们如此爱跳华尔兹，可她们怎么能允许自己的女儿跳这种舞呢？"

华尔兹跻身于上层社会的舞会后，一些人欣喜若狂，一些人强烈反对，一些贵族指责华尔兹"出身低贱"，因为它是德国南部和奥地利某些边界省份里的农民所跳的一种舞蹈，舞蹈家们则持另一种看法，他们认为华尔兹与法国古老的"普罗旺斯圆舞"有直接的血缘联系。然而即使这样的一种亲缘关系也不能使反对华尔兹的人感到满意。当年路易十三曾应红衣主教黎塞留的坚决请求，下令禁止跳"圆舞"，因为据说在普罗旺斯欢快的舞蹈中，统治者们感到存在着某种"颠覆社会和宗教基础"的威胁。

在俄罗斯，在沙皇保罗一世统治的年代里（1796—1801），舞会上是禁止跳华尔兹的。到了亚历山大一世时代（1801—1825），沙皇才恩准对这一无辜的交谊舞开禁，于是宫廷舞会上人们也开始热衷于跳华尔兹舞了。从文学作品中可以找到当时上流社会风行华尔兹的例证。《战争与和平》中有娜塔莎罗斯托娃第一次在舞会上和安德烈公爵跳华尔兹的情景。列夫·托尔斯泰记下了这次舞会确切的日期：1810年12月31日，即这年除夕。普希金的《叶普盖尼·奥涅金》第五章中，可以找到拉林家的"欢乐的命名日"举行舞会的描写：

华尔兹像阵阵旋风，

疯狂地转着一圈又一圈，

宛如青春的韶华，

一对对从面前闪过……

普希金自己在《叶普盖尼·奥涅金》的注释中说道："拉林家的命名日是塔吉雅娜的生日——1821年1月12日。"可见，那时华尔兹已完全成

丰富多彩的体育风尚

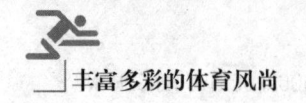

了生活中的时尚了。

渐渐地，新式的交谊舞日益成为人们普遍喜爱的娱乐，但反对者依然大有人在。1825年在哈尔科夫出版的《高尚的社交舞规程》一书要求青年对华尔兹保持应有的警惕："跳舞时相互间不要靠得太近，否则有失体统。"然而，这一切都是多余的。华尔兹冲破了一切阻力日益赢得了人们的喜爱。

19世纪30年代是华尔兹的鼎盛时期。这与约瑟夫·兰纳（1801—1843）以及约翰·施特劳斯父子的创作有关。他们创造了新型的华尔兹舞曲，即"维也纳圆舞曲"。小施特劳斯在华尔兹的发展史上谱写了光辉的一页，因此被誉为"圆舞曲之王"。举世闻名的《维也纳森林的故事》和《蓝色多瑙河》就是他创作的名曲。

探戈，按照阿根廷一位诗人的话来说是"翔舞着的愁思"。19世纪末，探戈诞生于布宜诺斯艾利斯市郊的工人区，这种探戈曲反映了市郊贫民的思想感情：爱情、苦难、憧憬。有一些探戈曲至今依然被看作是愤怒和抗议的心声。

关于阿根廷探戈传入欧洲，存在两种说法。一种说法是，1909年探戈在巴黎一家报社举办的传统舞蹈竞赛上初次露面；另一种说法是，1910年，阿根廷作曲家把探戈舞和探戈曲传入巴黎。两种说法在一点上是相似的，即探戈在欧洲盛行以前，曾在巴黎经历过一个完善化的过程。在这期间，无论是"舞"还是"曲"，都发生了某些演变，特别是探戈的舞步幅度变得有限。法国舞蹈家里纳尔被称为改造探戈舞曲的鼻祖。

探戈在欧洲盛行始于20世纪20年代，先是在巴黎声誉鹊起，被称做"巴黎探戈"。但是无论在法国，还是在欧洲其他国家，探戈的进一步流行遇到了严重的阻碍。

首先起来反对探戈的是罗马教皇十世。法国的一些主教也发表告教徒书，污蔑探戈是"魔鬼舞"，并提醒信教者"谨防诱惑"。德皇威廉二世（1859—1941）把探戈称做"对精神和道德的一种侮辱"，并下令禁止德国军官跳探戈舞。俄国国民教育大臣卡索也通令各州的学监，指出"探戈具有明显的淫秽性质"，并要求他们采取严格措施，禁止传授此种舞蹈。

但是在欧洲谁也无法阻止探戈胜利进军的步伐。彼得堡《舞台与生活报》写道："在梵蒂冈和某些君主国的一片抗议声中，探戈反而获得了巨大的支持。还有什么东西会比禁果更甜的呢？"天主教的主教们尽管不断抗议，但即使在最习惯于聆听他们说教的地方也没有起到应有的作用。1914年1月《俄罗斯言论报》小品文作家弗拉斯·多罗舍维奇写道："一种名叫'探戈'的瘟疫流传开来。"

"上帝的运动"

一对英国新郎和新娘，别出心裁地在一枚硕大的热气球上举行婚礼。正当婚礼进入高潮，新人拿着小刀，准备切蛋糕时，人们顿时惊觉，热气球已悄然着陆了，包括新郎和新娘在内的所有乘客，仍对这次奇异的婚礼之旅感到兴奋不已……

危险而有趣的运动——热气球运动，它是航空运动中的一项。它的最大特点是既有体育运动性质又有科学试验性质。气球运动开展可以为天气情况提供科研数据。因此这项运动诞生之日起备受人们广泛的欢迎。

无法预料是热气球运动的一大特点。因此驾驶员被千变万化的风向乱气流所掌控，没有任何机械装置可以完全驾驭或操控热气球的方向或速度。"随风而飘"是对这一运动的最好描述。

然而，这种无法预料的变数，非但没有减弱热气球运动的吸引力，反而更增添了它的惊险性和刺激性，使热气球自18世纪携带第一名乘客升空以来，已成为勇敢者竞相尝试勇气和胆识的一种运动。

丰富多彩的体育风尚

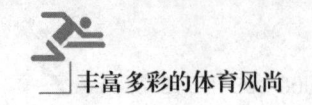

热气球的出现，给人们提供了一种快乐而浪漫的旅行方式。乘坐于热气球上，可以悠闲地飘过河流和山谷，轻松地掠过白云覆盖的山峰，轻易地跨越寸草不生的荒凉沙漠。

随着世界热气球旅游景点的增加，游客现在已可以借这种非同寻常交通工具，游览美国亚利桑那州的大峡谷，观赏肯尼亚野生动物保护区的动物大游戏，品味埃及的古典壮丽辉煌；或者，仅仅是在黎明时分，一边品饮着香槟酒，一边从碧绿的法国葡萄园上空滑过……这种感觉是如此美妙绝伦，这种经历又是何等绮丽奇特！

热气球飞行虽然有不定的变数，但从另一种角度说，它又是一种提供人们宁静而悠闲享受的运动。当人们从空中俯瞰广阔无垠的大地时会豁然开朗，精神也因美丽的景致而有所调剂。因此，有人说热气球运动可以帮助人们消除现代生活的紧张。

19世纪80年代以来，热气球逐渐普及，这要归功于著名公司拥有热气球数量的增多。这些色彩绚丽的热气球，常常拥有精巧怪异的造型，既是公司巨大财富的证明，也常充当着产品流动广告的角色。但是，热气球飞行不单是一种休闲活动或公司进行宣传的活动，它还是一项极富竞争性的体育运动项目，需要驾驶员表现出过人的勇气、毅力和技术。

热气球运动中最重要的事件，便是两年一度的世界热气球锦标赛；这一大赛1993年8月在卢森堡举行，吸引了来自25个国家的100多个代表队参加。

1783年，法国蒙哥菲尔兄弟设计的热气球雏形，携带着一头羊、一只鸡和一只鸭的短暂升空，标志着世界热气球历史的正式开始。当时有40余万巴黎人，其中包括法国国王路易十六，均带着惊愕的神情，目睹了此幕令人难以置信的奇景。

蒙哥菲尔兄弟的热气球雏形，是以一火盆添加燃料不断燃烧，从而保证气球飞行所需要的热空气。在后来两百年的发展历史中，人们又先后发明了以氢气和丙烷为燃料的热气球，而且气球本身的质地，也由最初的布和亚麻，逐渐演变为具有特殊性能的人造纤维，燃烧炉也由过去简陋的火盆，改良为轻巧精密的燃烧装置。随着工业的进步和科技的发展，热气球的性能和制造工艺日臻完善；这种曾被法国国王称为"上帝之运动"的项目，也因此得以在世界各地出现，并且不断普及。

1976年，英国·的卡玛伦公司突破热气球的传统造型，以一卡通人物形象作为气球的外观，以促销火腿，引起轰动。随后，人们发挥丰富的想象力和创造性，各种造型奇特、形象生动的热气球应运而生，从波音747飞机、法国城堡，到可爱的鹦鹉、贝多芬的肖像等，可谓千奇百怪，应有尽有。

热气球飞行运动还频频制造新闻，引起世人的瞩目。1987年，英国企业巨子暨热气球飞行爱好者班逊及同伴伦斯坦德，以31小时飞行4920公里，而成为以热气球飞越大西洋的第一人。4年后，他们又以46小时15分钟横跨太平洋，共飞行了7629公里，创下热气球飞行的世界新纪录。

早期的热气球，对其动力是烟还是热气，这个今天看来很简单的问题，当时竟先后经过20多年的探讨后才弄清。所以早期热气球，起初人们以为是热烟，而不是热气推动气球上升，所以最早的热气球是用变质的牛肉、旧皮鞋和湿干草作燃料，使其产生较多的烟充入气囊；热气球也升天了，但燃烟者被呛得流鼻涕、流眼泪，还头昏眼花，很不舒服，后来才懂得不是烟的作用，而主要是热气的力量。

到了19世纪初，乘热气球升空已成为一项时髦的运动项目，风靡整个西欧和北美。由于热气球运动发展，促进了气象学、生理学、空气力学的进步，从而为后来出现的飞艇、飞机等新式航空工具的发展奠定了基础。

在热气球运动诞生初期，曾出现过升空高度的竞赛。由于飞行者在升空过程中，常常忍受由于高空缺氧，而带来的"高山病"反应，从而给生理学研究带来新的进展。例如：1804年法国的盖卢赛与西比奥两人，乘热气球升空，到达海拔3960米高度，已感到有些头痛供氧不足。一月后盖卢赛又一次升到海拔7020米高度，这时他感到呼吸十分困难，脉搏和呼吸次

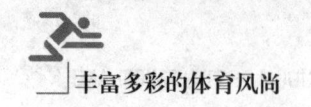

数增加，空气稀薄而干燥，发生吞咽痛症状。1875年意大利斯宾内利等三人，不顾供氧条件不足的最大危险，贸然升空，他贸然升到海拔8000米高度，结果因严重缺氧，斯宾内利和赛维尔相继身亡，只有另一人，因气球漏气而返回地面，幸免于死。他和当时生理学家们共同总结出一个结论：海拔8000米以上高度是人类"死亡地带"和"生物禁区"。

西欧、北美和日本等国几乎每年都举办热气球比赛，有全国性的，也有洲际性的，作为个别爱好者不断地在创造自己的新纪录。美国气球飞行家安德森，他三次飞超总长度达9000哩（合14500公里）的距离，第一次飞越大西洋成功，从而获得美国全国地理协会QL戈斯金质奖章。第二次他创造了横跨北美大陆，中途不着陆记录。第三次他与会田两人驾驶热气球从埃及开罗起飞，目标是喜马拉雅山下，因气球中途漏气，不得不降在途中。本来下个目标是环球飞行，但是却在一次热气球大赛中，因着陆事故身亡。

1978年，英国的气球跳伞运动员10名，被撒哈拉的浩瀚沙海和尼罗河沿岸风光吸引，他们升到沙海上空，日间沙漠气温急剧上升，最高达华氏120℃以上，直到与冷空气相遇。这种情况气球很容易爆炸，人也将会随着那破碎的气球片从高空坠落下来。可是这10位英国人凭着自己的智慧和勇敢，跨过尼罗河，飞越金字塔，徐徐降落在沙面上。这十几个人还在沙漠中进行了几次跳伞表演。令人惊叹，令人叫绝！

英国探险家布兰森及其助手驾驶由他们自己制造的"大西洋处女号"热气球，从美国东海岸一个峡谷起飞，计划用35个小时，飞越大西洋（长达5350公里），这个现代化气球，充满氦气后，升到9000米高度，时速最快160公里，飞行34小时后，仅离爱尔兰陆地1.6公里海面降落，创造了一项热气球横渡大西洋时间最短的世界纪录。

1999年3月22日，首次成功乘热气球不间断环球飞行，由瑞士冒险家皮卡德和琼斯，乘"百年灵热气球三号"，经由全球，用20天飞行成功。这是20世纪体育史上最伟大的创举之一。

体操器械的"家世"

夕阳西下，晚霞铺满了半边天，一阵悦耳的琴声随风而至，人们迎着琴声走入一座美丽雄伟的体育馆，在这里正举行竞技体操表演。

进入馆内，灯光赶走了初垂的夜幕，照亮了每个角落，首先映入眼帘的是正中摆放着一块紫红色的地毯，地毯上一位姑娘正和着琴，做出时刚时柔的优美动作，显示了青春的活力。在场上一角，一位少年跃上吊环，只见他双臂露出一块块结实的肌肉，显示出他蕴藏着巨大力量。他轻松地表演出各种回环、倒立和用力动作，这是力和美的交响。在另一个角落，一位姑娘正在高低杠上像飞燕似的上下翻飞……。与此同时，在与高低杠相对的角落，正有一位少年在单杠上像风车似的大回环……。原来体操项目还有这么多花花样？体操比赛到底男女比赛哪些项目，这些项目又是怎么发展来的？

现代体操比赛，确切说，男子比赛6项（自由体操，单杠、双杠、鞍马、跳马、吊环），女子4项（自由体操，跳马、平衡木、高低杠）。其中单杠、双杠、吊环、平衡木项目称之为器械体操，我们就来说说它们的身世：

平衡木

少年儿童喜欢在惊险地方走，如在倒伏的树干上、独木桥上，或马路边沿的石条上，这可以说已经接触平衡木运动了。

平衡木雏形应该说就是木桩，在德国称为"平衡柱"，它是将若干木桩竖直插在地上，桩与桩间有一定距离，排列成图形，如东南西北各插一桩，中间插一桩，练习时可以在木桩上跑、跳、平衡、倒立等。德国教育

丰富多彩的体育风尚

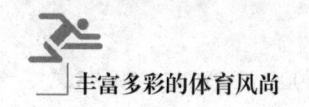

家巴塞道（1724—1790）发明了平衡木。当时他创办德骚学院，这个学院推行五项竞技：赛跑、跳跃、攀登、平衡、搬运，这不同于希腊五项竞技。巴塞道任体育教师时，为了让学生掌握平衡能力，适应海上航行，不晕船，于是发明了左右摇摆的浪船式"平衡木"。

19世纪，人们从倒伏的树干得到启发，制成了树干式平衡木，直到19世纪后半叶，欧洲一些国家的女子体操盛行。1890年，德国、英国、意大利等国体操运动俱乐部设立了女子部。1894年在北欧举行了一次体操节，平衡木第一次列入比赛项目。以后器械屡经改革，现代平衡木除能升降外，还在上面覆盖了一层0.2—0.3厘米毯面，有弹性，但又不光滑。时中国有练皮条杠子，用三根木棍捆一架子，上拴皮条二根，练习者手握皮条翻转支撑。在西欧舞台上，一些走钢丝演员，除在钢丝上表演各种舞蹈外，还抓住钢丝做大回环。德国雅恩从中得到启示，他用一根直径8厘米的木杠架起一架单杠，在旁边还有一辅助台。1812年单杠进入大型表演，以后德国杨氏把木杠换成铁杠，促进了这项运动发展。与此同时在我国清末也有了单杠，当时称"五根棍"。其中在一本书中还记述了一个瘸腿人的单杠技艺："跛腿何曾是废人，练成杠子更神通，寒鸭浮水头朝下，遍体功夫在上身。"可见当时已开展了单杠运动。

现代单杠运动被称为"体操之王"。它是男子竞技体操中最精彩的项目。

1812年，德国体操家"杨氏"发明了双杠。可是长时间默默无闻，后来发生一场辩论，争论时间延续三年。当时持反对意见者说双杠危险，对青少年有害。后来柏林体操组织提出了"反对取消双杠"抗议书，并且由医务参事官等19名医生进行专门研究，认定双杠运动符合人体生理特点，是一项锻炼身体的良好项目。从此双杠在体操运动中才站稳脚跟。

双杠运动，过去是静止动作多，现代双杠运动出现了双杠大回环、大回环转体以及横向动作，这就增加了双杠运动的难度和惊险性。

吊环

　　吊环是体操比赛场上最高的器械,架子高5.50米,环高2.55米。吊环也有悠久历史。民间流传的秋千可说是它的前身。近代吊环起源于法国,19世纪末,受到杂技演员悬空绳索表演的启发而创造的。稍后传到意大利、德国。当时吊环大多设在贵族庭院里,装饰得十分华丽,好像一件艺术品。开始人们多做些摆荡动作,所以叫"荡环",一直到20世纪50年代,有的国家还将摆动荡环作为女子体操项目。60年代后,吊环动作多以静止动作为主,如十字支撑等。近几十年才发展为静止动作和摆动动作相结合。吊环是大力士的项目,要比试力量大小,就请你用吊环试试。

坐等长跑新郎的新娘

　　在古希腊传说中有一位美貌非凡的飞毛腿阿塔兰特,她父亲希望生个男孩,可她母亲却偏偏生了她这个女孩,狠心的父亲在她生下来就把她弃之荒野。事情巧得很,一只母熊发现了她,便把她衔回去用自己奶喂养她。后来一个猎人发现了她,把她带回去抚养。阿塔兰特长大后非常喜欢到深山野岭打猎,经常猎捕野猪等猎物带回家。她渐渐长成了大姑娘了,他父亲便准备将她嫁人,但父亲一提起就立即遭到她的拒绝。后来,在父亲坚持下,阿塔兰特同意考虑婚事,不过有一个条件,谁要想娶她,必须首先在赛跑中战胜她,如果敢于求婚但在赛跑中赛不过她的人则要被处死。阿塔兰特是个飞毛腿,在赛跑中从来没人赛过她,所以和她赛跑只能死路一条。她在赛跑中总是让对手跑在她前面几步,然后她起跑急起直追,超过对手。

　　阿塔兰特姿色超人,她的美貌和极好的运动能力具有强大的吸引力。

丰富多彩的体育风尚

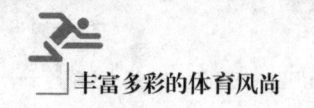

因此，向她求爱的人很多，许多向她求婚并同她赛跑的人已经因赛跑失败而丧命。然而，一个名叫米拉尼翁的人又向她求婚，米拉尼翁得到爱与美的女神阿佛洛狄忒的保护，她把送给赫拉（宙斯的妻子）的三个金苹果交给了他，为他出了战胜对手的计谋。米拉尼翁带着三个金苹果来到比赛场起跑线，准备以死来向阿塔兰特挑战。在比赛中，每当她快要赶上自己时，米拉尼翁就拿出一个金苹果抛在地上，他一连三次采取这一战略。美丽的苹果吸引了阿塔兰特，她因三次俯身拾取金苹果而失去了时间，米拉尼翁在赛跑中首先到达终点。就这样他作为胜利者娶了阿塔兰特为妻。

这虽然是个长跑娶新娘的希腊传说，但它却反映了当时古希腊人，无论男女都十分热爱和重视跑步运动。实际上在古代许多国家或民族都确有类似希腊传说那样的事情。

由于他们狩猎的对象常有善于奔跑的鹿，因此很注重对年轻一代奔跑能力的训练，甚至于在娶新娘时也有练跑的内容：在台湾阿里山以南，大武山以北住着高山族一分支——鲁凯人。生活在这里的鲁凯人曾产生过许多著名长跑健将。人们把这个区里鲁凯人称之为"长跑健将摇篮"。岂料，"长跑健将摇篮"这一美称与鲁凯人的独特婚姻仪式有关。

鲁凯人的婚礼，从跑步开始，以跑步结束。在举行婚礼的那天，新郎一出门就开始跑步，一直跑到女家门口。在新郎到来之前，新娘早已被娘家的亲友，用一根麻绳绑了起来，藏在一个隐蔽处，新郎在隐蔽处找到新娘，掏出刀子割断麻绳，接着新郎背起新娘，跑出女家，踏上归途。按习俗，无论女家离男家多远，应该一气跑回，这可真是一段艰苦而幸福的路程啊！如果遇到新娘身高体重，男女两家又相距又远，新郎可要跑得气喘吁吁，挥汗如雨了。

在男女双方亲友的保护下，新郎背着新娘跑到自家门前，虽然家到了，却不能进门，在附近广场上，早已陈列好酒菜，众位亲友和乡邻也环绕广场而列，准备迎接新娘。这时，新郎要背着新娘绕庆贺婚礼的广场跑两圈，让新娘与众亲朋好友见面，然后才放下新娘。

前来贺喜的人们齐声欢歌，饮酒跳舞，祝福新婚夫妇白头偕老，幸福长寿。祝酒歌舞结束，刚刚喘一口气的新郎又要背起新娘，一气跑进洞房，婚礼才算结束。

不过，人们大可不必为新郎担心，鲁凯人是善跑的，鲁凯人从孩提时就开始练习负重长跑，常常以负重多少和跑的快慢来较量胜负，待到成人后，竟有人能负重日驰150公里。因此，这个民族的体力和耐力都很好，如此说来，背个新娘回家该不成问题。

新娘不可不娶，因而就造就了一大批闻名遐迩的长跑健将。

从上述练跑娶新娘的故事中，我们可以看到在世界古代，几乎所有国家和民族都很重视跑的锻炼和训练。这是因为跑是人类一种基本活动能力，古代人在猎取食物、生产劳动中都离不开跑的能力，在抗御敌人侵犯的战争中更不能没有跑的能力。

马拉松的故事

马拉松，不少人都知道，它是奥运会上一项最长距离的竞赛名称。但是大家是否知道，马拉松，还是一个地方名称呢？

马拉松，是希腊首都雅典东面一个小镇名称。那么，马拉松镇与马拉松跑，二者之间是怎样的关系呢？

这个名称含义的转换，源于何时何地呢？

要对这问题追根溯源，还得从一次著名战争说起。公元前500年，在波斯帝国占领的米利都爆发了希腊人支持的爱奥尼人起义。那时，波斯国王大流士一世，早就对繁荣富强的希腊城邦垂涎三尺，于是借口希腊人起义向希腊发动战争。

丰富多彩的体育风尚

公元前492年春天，位于现在伊朗高原的波斯帝国，派出大批战舰入侵希腊。这就是历史上著名的希波战争的开始。不料波斯舰队在途中突然遭到了飓风的袭击，三百艘战舰全部沉入海底，两万多士兵葬身鱼腹。波斯舰队未经交战就这样覆没了。

波斯国王非常恼怒。第二年春天，又派出使者到希腊各城邦要求"土和水"，意思是要他们投降称臣。有些城邦害怕波斯帝国，立即献了"土和水"，表示屈服。但是希腊的两个最大城邦——雅典和斯巴达却坚决反抗。雅典人把波斯的使者从高山上抛入深渊。斯巴达人则把使者押到井边，指着水井说："这里面有土又有水，你要多少拿吧！"说罢就把他扔到井里。这大大激怒了波斯王，大流士一世决定派最有战斗经验的老将率领大军，第二次远征希腊。

公元前490年，波斯的强大舰队横渡爱琴海，在雅典城东北60公里的马拉松平原登陆。

亡国的危险笼罩着雅典上空，雅典人立即派出快跑能手斐力庇第斯，向邻邦斯巴达求援。这位使者以惊人的速度，在两天之内跑了150公里路程，来到了斯巴达。不料，斯巴达统治者以古来的风俗为借口，说："现在不行，只有等月亮圆了，才能出兵相助。"原来他们根本不想出兵。

快跑能手把这不愉快的消息带回雅典。雅典的将领们立即把全体公民组织起来，甚至把奴隶也编入了军队。他们在著名统帅米太亚得的率领下，到马拉松平原和波斯军决战。

雅典军队只有一万人，而波斯军据说有10万人。面对强大的敌军，米太亚得对战士们说："雅典是带上奴隶的枷锁，还是永葆自由，关键就在你们身上！"这激动人心的话语，鼓舞了士兵们的战斗勇气。

激战开始了。雅典军队占领了马拉松山坡高地。这是一个三面环山的河谷，向下是一个大斜坡，可以一眼望到驻扎在平原上的波斯军大营。这天清晨，米太亚得命令全军飞奔下坡，直冲敌营。这突然的袭击使波斯军感到非常意外。但不一会，波斯军很快突破了雅典的中央阵线。雅典军边战边退,波斯军步步进逼。在这千钧一发之际,雅典军拉长了战线,弄得波斯军四面受敌,首尾不能相顾,纷纷跳上舰船逃跑。米太亚得为了把胜利的消息告诉雅典人,又选中了斐力庇第斯。这位长跑能手虽然已经受了伤,但还是毅然接受了任务。他以飞快的速度从马拉松跑到雅典中央广场,对着盼望的人群激动地说了一声"大家欢乐吧。我们胜利了"之后,就倒在地上牺牲了。

马拉松战役的胜利,使整个希腊免受波斯帝国的奴役,并且促进了希腊半岛经济文化的繁荣。

为了纪念这次战争的胜利和表彰英雄斐力庇第斯的功绩,1896年在雅典举行的第一届现代奥林匹克运动会上,规定了一个新的竞赛项目——马拉松赛跑。运动员从马拉松起跑,大致沿着当年斐力庇第斯经过的路线到达雅典,全程为40公里又200米。1920年,对这段距离又做了仔细测量,确定为42公里又195米。

古希腊不是一个统一的国家,而是分成许多独立的城邦,城邦原是沿海一带建立居民点。后来同周围的大小村庄连在一起发展成为独立的小国家,所以又叫城市国家。城邦小的只有几千人,大的有几万人,掌权的是奴隶主阶级,雅典是希腊最大的城邦之一。雅典人在这次马拉松之战中得到的胜利,加强了希腊其他城邦抵抗波斯侵略的信心。

跑向太阳

在名目繁多的赛跑项目中,哪一个赛跑项目的名称最富有诗意呢?有人或许提到马拉松赛跑,然而,这里说的却是另一个赛跑项目……

浩瀚的北太平洋上,有一串翡翠般美丽的岛屿——夏威夷群岛。群岛

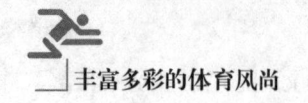

上有一座名叫海厘喀拉的火山，夏威夷岛流传着一个古老的体育传说。

远古的夏威夷人抱怨毛伊神说，太阳存有偏袒之心，每次经过这里总是一闪而过，匆匆掠过，害得农夫不能在岛上种庄稼，渔夫不能在岛的周围水域打鱼，好端端的火山附近竟成了没有生命的不毛之地。

正直而善良的毛伊神一听勃然大怒，他的神力无边，他拉开铁脚板，一气跑上火山口等候太阳，当太阳刚刚擦近火山口时，毛伊神趁她不备，突然抛出套绳拴住了她，接着毛伊神开始述说太阳匆匆而过给黎民百姓带来的灾难。太阳挣不掉他的绳索，只好唯唯诺诺承认自己过错，看着毛伊神怒气消解了一些，太阳便苦苦哀求为她松绑绳套，并且她向毛伊神起誓说，今后行经此地，一定缓缓而行，再不敢匆匆而过和心存二心。毛伊神宽容大度，立即给她去掉绳套，给了太阳以自由。太阳果然言而有信，恪守誓言。从此以后，农夫和渔夫再不发愁，火山成了一个美丽的地方，火山附近郁郁葱葱，禾田苗壮，鱼儿肥美，成了一派生机勃勃的锦绣河山。它得到了一个富有诗意的名称：海厘喀拉山——意即"太阳之家"。

美丽动人的神话传说给了人们以启示，从古开始，当地人们决定开展一项体育活动：长跑登山项目，比赛命名为"跑向太阳"。运动员从浪涛拍岸的海滨出发，经数小时跑到火山口，整个越野登山赛全程60公里。

这个神话传说，同中国古代"夸父逐日"神话有异曲同工之妙。文艺创作的源泉来自生活，如果古代没有长跑就可能没有"毛伊神"和"夸父"这样艺术夸张，在艺术夸张上必有生活基础。远在原始公社时代生产和生活活动中，就已经有了中长跑活动。在文明时代，东北非，亚洲的中长跑活动十分盛行。有文献记载有这样一段文字：有三个奴隶跟随主人到猎场去打猎，在返回家的路上，这三个奴隶一直跟马车后跑回来。因此，主人免去了他们奴隶身份，并每人赏赐十家奴隶。如果没有长跑能力，怎么能跟上马车跑？由于人类古代社会开展长跑活动，由于社会上尊敬那些有长跑才能的人，在艺术上才能塑造出像"毛伊神"和"夸父"那样能够拴住太阳或追上太阳，为人民谋福利的形象。

现在，海厘喀拉山变成了国家公园，但跑向太阳的长跑活动却延续至今。"跑向太阳"最艰苦的地段是最后18公里，那里山高路陡，空气稀薄，与地面温差很大，尤其是最末1.5公里，坡度达60°，每跨一步，都要付出很大力气。这段路程不仅需要体力，更需要勇气。勇敢的运动员称它为"难得的挑战"。

"跑向太阳"赛跑从1977年开始举行传统性正式比赛，每年举行一次，运动员主要来自夏威夷，美国西海岸和新西兰。1980年比赛冠军被新西兰的马克思·福尔特获得，他的成绩是5小时38分32秒。

"跑向太阳"这个古老的体育项目，越来越受到世人瞩目。每年参加人数愈来愈多，特别是女子参加跑向太阳赛的人愈来愈多。夏威夷女选手诺尔·莫尔施创造了8小时4分7秒的女子最高纪录。

"跑向太阳"的传说，除了给我们留下探索古代体育活动的线索外，还留下这样深刻教育：自然界没有什么比高山更雄伟、比太阳更遥远，但是在健壮而有毅力人面前，它们都是可以征服的。锻炼你的躯体吧！有了健壮的躯体就有了征服自然的基础。

在赤道奔跑的人们

"若非大象般倒下，便如猎豹般奔驰。"这是非洲人的一句格言。它反映了非洲人的民族性格和体质特征。

非洲约有5亿多人口，除北非居住着少数白色欧罗巴人种和黄色蒙古人种外，中非、南非、东非均为黑色赤道人种。由于民族、部族极其繁杂，从事狩猎、游牧、农耕、淘金者样样都有，语言并不统一，经济生活也各自相异，惟其在体质类型上体现出显著的共同特征：黑黑的皮肤、厚

丰富多彩的体育风尚

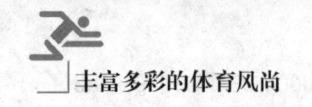

厚嘴唇、修长的四肢、前倾挺出的上身、后撅上翘的臀部。这就是非洲腹地居民的体格形态，只要符合上述标准，无论语言和信仰，也无论洲际和国籍存在千差万别，他们都源于非洲之根。

古老而富足的非洲，蕴藏着任一大陆无以比拟的资源。其自然神奇色彩，更是蔚为壮观。毒日煎熬沙海，撒哈拉掀起700米高的沙柱呼啸狂舞，万马奔腾、天昏地暗；却也有皓月当空，乔木常绿，幽香袭人的沙漠中"新娘"。虎豹狮象成群出没，热带丛林瘴雨蛮烟，干雾幻雨漂渺绚丽。天然肥硕的芒果、木菠萝哺育了黑人健壮体格，原始荒原的世界，砥砺了黑非洲勇猛无畏精神。力壮如牛的曼丁奇人流传着许多角力游戏，常以徒手撕碎野猪或拽托大象来显示人的膂力，或以掀翻压在身上、腿上大树来锤炼肱骨之力。高原丛林中的肯尼亚人，则热衷于传统长跑。由于地域广阔，交通不便，人多能走善跑。部族经常选出几十名健壮汉子，为首一人踢着一枚碗大的木球，众人依次跟随其后，一口气跑上几个昼夜，最后酋长奖给一袋黑豆以示吉祥，因为要穿越遮天盖日的原始森林，木球乃避邪物。

本巴族尤以纵跃的舞蹈，来表达热烈奔放情感。这种舞蹈使全身关节没有一处不在剧烈晃动中，最后竟以腿部直立全力上蹦，一连跳上个把小时。新婚热恋中的男女，均要相对纵跳互相祝福。这种风俗，不仅调剂了人们的感情，更锻炼了他们灵活的肢体和发达的肌肉，为他们能走善跑打下了素质基础。

18世纪，欧洲旅行家考尔邦在他的游记中说，居住在好望角的霍屯督人对于打猎有惊人的灵巧，他们奔跑时的敏捷超出我们想象之外。他曾讲过这样一个故事：有一个荷兰水手，在好望角登陆的时候，叫一个霍屯督人替他背一捆约20斤重的烟草，随他到城里。当他们远离人群的时候，那个霍屯督人问他是否会跑，荷兰人欣然答道："跑吗，会呀，而且跑得很快。"非洲人接着说道："咱们跑跑看吧！"说着便背着烟草跑起来。不一会就远远地甩掉水手无踪影了。水手被他那神奇的速度惊得目瞪口呆。后来还有一英国人也对非洲人疾速的走跑能力震惊。他说："他们比马走得还快，一昼夜比马还走得远。"

远在1471年，葡萄牙殖民者便对非洲资源垂涎三尺，以后整整四个世纪，欧美白种人不仅掠走了非洲难以估算的黄金、象牙、丁香、宝石，更残酷地掳掠杀害贩卖近1亿人口黑奴，奴隶贩子所卖的黑奴，挑选的都是体格强壮的黑人，然而在海盗船上长时间灭绝人性的折磨下，许多人纷纷死去。而活下来的更是黑奴中最精壮者。这些精壮者所繁衍的后裔，便是目前生活在欧美国家中的黑人。

近代西欧殖民者入侵非洲以后，非洲的体育遭到扼制。那里的善跑能手，身带殖民枷锁，很难登上国际体坛。他们偶尔参加国际比赛，也不能代表自己的祖国，而只能代表宗主国。1924年，阿尔及利亚运动员阿·埃克瓦菲，就是代表宗主国法兰西参加巴黎奥运会。4年后，埃克瓦菲又参加了阿姆斯特丹奥运会马拉松比赛，击败了美国、日本、芬兰和英国的4位名将，出人意料地荣获金牌，这是近代非洲体育史上一颗长跑明星。但是，他争得的荣誉却落在法国的账上。

后来阿尔及利亚又出现一位杰出的长跑运动员阿·米蒙，他的家在高原地区，村长跑是个有利条件。他18岁初露锋芒。35岁时参加墨尔本奥运会，战胜了44名对手，以2小时25分的成绩夺得金牌。由于他的荣誉归属法国，竟造成许多人误以为米蒙就是法国人。

20世纪中期，非洲许多国家通过反殖民主义英勇斗争赢得了独立。这对非洲体育发展起了很大促进作用。近30年来，非洲赛跑人才辈出，并逐渐称雄于世。1960年罗马奥运会上，埃塞俄比亚运动员阿贝贝在马拉松比赛中，赤脚奔跑，一路领先，创2小时15分16秒2奥运新纪录。4年后阿贝贝又参加东京奥运会，临赛前35天做了阑尾炎手术，他仍满怀信心参赛，遥遥领先，又获金牌。他对记者说："我仍可用同样速度再跑10公里。"

到了墨西哥奥运会时，非洲涌现的赛跑明星更是大放光彩。非洲运动员不但囊括了1500米到马拉松5项金牌，而且还获得5枚银牌。

在非洲的第一批赛跑群星中，除米蒙、阿贝贝之外，还有几个功绩卓著，盛名盖世英雄。如肯尼亚运动员恩古吉、吉普图鲁等。

20世纪，70年代后期，非洲老一辈赛跑家相继退位。一代新秀又登上世界体坛。1978年4—6月，在短短80天中，肯尼亚的罗诺竟连续创造4项世界纪录。

非洲人的赛跑春秋，经历了不平凡岁月，当他们挣脱了殖民枷锁之后，便在世界体育史上谱写了群星闪烁的篇章。

从"跳羊圈"想到的

跨栏跑在田径项目中属于短跑项目范围。但它又不同于跑，因为在跑中间设置了障碍物——栏架。无论400米栏还是100米栏都得跨过10个栏架。

跨栏比赛时，跑道上排列着一排栏架，栏架的横木上一律涂上黑白相间的颜色，因此不论光线强弱，从任何方向看去，栏架总是很醒目的。如果有机会看到一群山羊，就会发现：当顺着阳光看羊群，白羊最醒目；若逆着光或光线不足时，黑羊却特别耀眼，栏架之所以涂上黑白相间的颜色，道理就在于此。

"难道跨栏跑和羊圈有什么关系吗？"

"有"。

17、18世纪时的英国，牧业发达。顽皮的牧童常常越过羊圈，跳进跳出，并且相互追逐、嬉戏。在节日里，牧童们还经常举行跳越羊圈的游戏，看谁跳得最多、最快；后来他们把栏栅搬到平地上，设置了若干高矮和羊圈相仿的障碍，看谁能越过栏栅跑在前头。这便是跨栏跑的前身。

当时，栏栅的高度、栏间距离、跑程等等都没有什么规定。这种游戏后来演变成比赛。

19世纪末叶，跨栏跑才正式成为运动项目。

英国人于1864年把跨栏跑列入田径项目。跑程定为120码和220码，栏架高度定为3英尺半，相当于106.7厘米。栏架高定为这个高度并非偶然，因为跨栏跑是从"牧童跳羊圈"演变而来，所以人们便以羊圈栏栅高度作为跨栏栏架高的依据。现在栏架高即为106.7厘米，是1890年由国际体育组织确定的。

跨栏跑的第一个正式纪录，是1864年由英国剑桥大学体育俱乐部丹尼尔首创。成绩是17秒75。

跨栏跑初兴之时，人们采用跳过栏的方法进行比赛，与其说是"跨栏"，不如称之为"跳栏"更贴切。那时过栏技术大体上是前腿屈膝、上体挺直，两臂左右横张，后腿后托过栏，腾空时间较长。

英国选手鲁姆于1866年将跨栏技术做了些改进，他在过栏时，第一次将摆动腿伸直，上体微前倾。

美籍德国人克伦茨列英于1897年发明了"跨栏步"技术，在第2届奥运会上以15秒4成绩夺得冠军。

400米跨栏跑作为比赛项目始于法国。1888年第一次举办竞赛。当时栏架高为76.2厘米。到了1904年第3届奥运会以后才明文规定400栏的栏高为91.4厘米。

女子跨栏跑——80米栏，是第一次世界大战后才开始的。1932年，女子80米栏才正式被承认为奥运会项目。现今女子跨栏跑已改为100米（全程十只栏架），栏高84厘米和400米栏，栏高76.2厘米。

1934年，在国际田径比赛中才出现110米高栏。

丰富多彩的体育风尚

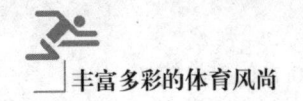

你所不知的"分手起跑"

你知道短跑运动员最初的起跑方式吗？那是非常简单的。两个运动员站在一起，由发令员喊一声"跑"，就算开始比赛了。

后来到了18世纪末叶，在一些西方国家里有一些职业短跑家想出一种叫作"分手起跑"法。这种方法是：裁判员站在起跑线上，参加比赛的两个人从起跑线外向后退十余步，然后并着肩拉着手向裁判员走去，当走到裁判员两侧时，他们拉着的手就被裁判员分开，这时两个运动员就开始由起跑到全速向前跑去。如果裁判员认为不公平时，就回来重新开始。这种方法的毛病很快显露出来：当甲乙运动员将要走到裁判身边时，甲故意降低速度，由于两人手拉手，自然乙也只能降低速度，但甲又出人意料地加快速度，而乙自然要迟一下才能仿效甲，因此，甲便在初速上占了便宜，这是一种不公平。

不久，体育家又想起一种起跑方法叫作"双方同意起跑"法。这种方法就是在起跑线后4.6—6.0米地方画两条横线，参加比赛的两个人在两条线之间面对面侧着身大步向起跑线走去。其中走在前面的一个人先把脚踏在起跑线前沿地上，希望另一人也这样做了，便算开始比赛，但是这种方法也有弊病，往往是先把脚踏在起跑线前的人占了便宜。另外，也有人想出一个"蘑菇"办法。他不把脚放到起跑线前沿而是退回来拒绝起跑，于是一切又重新开始，这样反反复复，有时拖延6—7分钟之久。这种方法也就很快被否定。

19世纪初叶，有人又想出一个新奇的办法，叫作"卧倒起跑法"。顾名思义，就是起跑时仰卧在地上，头在起跑线前沿。当起跑信号一响，运动员便迅速起立转身向前迅跑。有一次，一个职业运动员早有准备，设巧计赌博，他采用这种仰卧姿势起跑，站在四周的人都加大赌注，认为他准输无疑。但是事情出乎意料，当起跑信号一响，那个早有准备的职业短跑家便迅速来个侧滚翻，恰好做成与现代普遍采用的蹲距式一样。这种姿势能使身体从静止状态在最短时间内进入高速度前进。所以它比以往任何一种起跑方法都优越。这个起跑方法，虽然是职业短跑为赚钱而想出来的。但它是现代蹲距式起跑的萌芽，开始引起人们的注意和研究。

1887年，美国耶鲁大学的短跑运动员西里里，在一次美国国内比赛中首次应用了蹲距式。几个运动员都站着等着出发，唯有西里里一个人蹲在地上，当时观众都觉得奇怪，有人嘲笑他，发令员几次停止比赛来纠正他的"错误"，最后发令员才明白西里里用的是一种新的起跑姿势。

1896年在雅典举行首届奥运会，4月10日决赛只有5人。当时比赛在长333.33米跑道上进行。在起跑线上插上5根木桩，每条跑道都用系在木桩上的半米多高的绳子隔开。美国运动员雷恩站在里道，他两眼注视远方，膝部微屈，两手交叉在身体前面。匈牙利运动员斯佐科里左脚在前，右脚在后，两臂张开。在中间（第3道）是德国运动员霍夫曼，他用两根小木棍插在地上，两手撑在上面，他很紧张，就怕自己体重把小木棍压断。在第4道是美国运动员布尔克，他双手手心向下按在地上，采用了蹲距式起跑。站在最外边的一道是东道国希腊高个子选手卡尔科康迪里斯，他几乎站立，上身略微前倾，在等待发令。

5名运动员，5种起跑姿势，谁能取胜呢？场上观众议论纷纷。

皇家乐队的队员们都站在内场，一个留着漂亮小胡子的长号手和一个小号手竟打起赌来。长号手说：这个趴在地上的叫布尔克的人，简直是"发了疯"，他肯定要栽跟头！"小号手说："说不定这个人的姿势最聪明。我敢打赌，他能赢。"如果长号手说对了，就得10硬币；如果小号手说对了，长号手就得割去自己小胡子。当美国选手布尔克用蹲距式起跑，以12秒0获冠军时，那些一开始嘲笑他那种蹲距式起跑的人都围住了长号手，

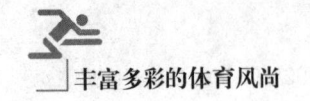

喊道:"剃胡子,剃胡子!"

短跑史上的一个重要里程碑是1929年,美国选手辛普逊首先使用了可调节的起跑器,他以9秒45跑完100码,由于他使用了起跑器,他的这一成绩竟没有被承认。其实古希腊选手在采用站立式起跑时已经懂得把一块大石头放在脚后,借石头的反作用力来加速起跑。在1936年以前,在奥运会上短跑选手一直是用跑道挖穴来起跑的。1938年起跑器才取得合法地位。1972年慕尼黑奥运会又使用了起跑检查器,用以观察运动员是否抢跑,并可召回抢跑选手。

由于起跑器在短跑中的广泛应用,也促进了起跑姿势的改进。普通的蹲距式起跑,改进成"子弹式起跑",也就是利用起跑器,两脚间距离变小,身体重心前移加大,促使身体能快速得像子弹离开枪膛,由静止到迅速跑起来更加快捷。

真正的"消耗战"

1896年"马拉松"一词首次出现在国际体坛上。如今世界上形形色色的马拉松式比赛日益增多,不仅限于田径比赛而且在耐力、体力、智力诸多项目比赛上,都发生过一些有趣的马拉松式比赛。

1912年,斯德哥尔摩奥运会。马拉松冠军是南非选手麦克阿瑟。成绩是2小时36分45秒8,而最后一名却用了54年才跑到终点。原来这里有一段有趣故事:

7月14日,瑞典首都暑热逼人。跑在马拉松后面的日本选手金栗四三突然看到路边有个瑞典观众在慢吞吞喝桔汁。金栗又累又渴,很想休息。这时他突然放弃了比赛,朝向瑞典人走去,尽管语言不通,瑞典人很快就明白了这位日本人的要求，他给他桔汁喝，并让他到自己家里。金栗在瑞典人家睡到日上三竿，此时马拉松比赛早已经结束。大会到处找金栗，却不见踪影。第二天，他回到日本驻地，但是故事并未结束。

54年以后，76岁高龄的金栗四三又到瑞典旧地重游，他首先去的地方就是1912年退出马拉松比赛地方，他从那里走到了奥林匹克运动场，终于最后完成了马拉松跑全程，正好距那次比赛时间相距54年。瑞典报纸纷纷报道了这则富有幽默感的新闻，并称他为54年跑完马拉松的人。这是世界上时间最长的"马拉松纪录"。

1959年，戴维·博从新加坡出发，行程29766.5公里到达伦敦，创造了步行周游世界纪录，这个纪录令人望而生畏，20多年一直无人问津。但是到1977年，年仅23岁的英国人乔治·米根决心向这个纪录挑战。1977年1月26日从南美洲火地岛出发，经过2426个日日夜夜，行程达30604公里途经16个国家。行程途中他同一个良子日本姑娘结婚，婚礼在阿根廷门多萨警察局里举行。在乔治·米根到达终点美国阿拉斯加州时，他已经是两个孩子的爸爸。一个5岁叫阿尤米（日本意思步行），另一个3岁叫斯斯木（意思是前进）。乔治·米根这次马拉松式步行周游，并打破世界纪录，花费了七年时间，这也是一个纪录。

1733年，著名的拳击手杰克·布劳顿，赤手空拳一连搏击21小时12分钟，最后击败了杰克·斯莱克，这可称作拳击马拉松。

1912年斯德哥尔摩奥运会中量级古典式摔跤，在比赛中俄国选手克因同芬兰选手阿西乃肯角逐。经过11小时40分钟见分晓。这是一次马拉松式摔跤。

1977年7月9日在英国班夫郡达夫城举行的柔道比赛有一场比赛历时200小时。

1926年11月26日英国人格兰特和麦克伦南开始对弈，他俩商定每年走一步，直到1976年整整化了51年才结束这场马拉松对弈。

1979年，南斯拉夫两个球队进行一场足球比赛，这场比赛历时4天又5

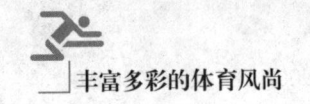

小时，比赛结果是1286分比7311分，戈里察队获胜。

1974年12月10日，澳大利亚南部海滩大学的大学生篮球比赛，一场比赛连续打至200小时。

1978年7月7日，美国驻联邦德国的两个排球队，每队6人进行一场比赛，时间长达51小时5分钟。

1977年12月5日至10日，美国佛罗里达州的乒乓球运动员华尔吉姆斯和斯佩瑟之间单打决赛共进行120小时30分钟。

长跑与求生两不误

在一个秋季的早晨，美国达拉斯市街头喧闹异常。随着一声枪鸣，5公里公路长跑比赛开始，起跑线上5000名妇女向前跑去……

这是一项有着特殊意义的比赛。因为，5000名参赛妇女中有555个被确认为乳腺癌患者，而她们当中又有139人将不久于人世，其余人大多数也都有过亲人死于乳腺癌的不幸。

在这里，名次并不重要，重要的是参加。在美国，每13分钟就有一名妇女死于乳腺癌，每5分钟就有一名妇女发现自己得了乳腺癌，每25秒就有一名妇女发现自己乳房里有肿块。时间就是生命。为了纪念死去的亲人，为了鼓励和帮助那些活着的癌症患者坚强乐观地面对生活；为了筹募更多的资金用于乳腺癌的教育、研究、检验和治疗，参赛者们用不屈不挠的意志去拼搏，去奋斗，去争取时间赢得胜利。

比赛的发起者是一位名叫南希·布林克尔的妇女。南希和她的姐姐苏珊·克尔门有着无比浓厚的手足情谊。然而，苏珊33岁时得了乳腺癌。"癌症"这个词来自拉丁文，含义是螃蟹的爪和长腿从它身体的两旁伸出，癌症如同蟹爪一般逐渐向周身蔓延。苏珊经9次手术、3个疗程的化疗和放射性治疗都未能控制住癌细胞的扩散。36岁时，苏珊终于被乳腺癌夺去了生命。这给南希带来的巨大的痛苦，她说："我真想让苏珊知道，我是多么地爱她，她在我的心目中占有多么重要的位置。我经常彻夜不眠地在想，我应该怎样去帮助那些患有乳腺癌的妇女做点事情。"就这样，苏珊·克尔门乳腺癌基金会诞生了。1983年10月29日，基金会在达拉斯举行了第一次为治疗乳腺癌而募捐的长跑比赛。

然而，15个月后南希也得了乳腺癌。经过长时间痛苦的思考之后，南希做出了冷静的决定：勇敢地迎接命运挑战，做主宰自己生命的强者。因为苏珊的死虽然给她带来巨大的痛苦，但也给了她挽救自己生命的知识、能力和决心。南希积极配合医生进行治疗，乳房切除后进行了4个疗程的化疗。她以顽强的毅力克服了化疗带来的种种不适反应，慢慢地恢复体力，并参加跑步健身锻炼。自1984年以来从未间断过平时的锻炼和参加基金会组织的比赛，她积极而充实地生活着。每天，她用5分10秒的时间从达拉斯轻快地跑到慈善委员会，与基金会的成员一道开会，商议日程安排。南希本人的正式职业是国家癌症咨询委员会工作，她曾被布什总统任命为"总统癌症问题研究"三人专门小组的成员之一。

如今的南希·布林克尔看起来决不像是个癌症患者，那浓密的头发衬托出明亮而生动的脸庞，深褐色的眼睛有着一种近乎辐射的力量。也正是她那永远不知疲倦的旺盛精力，感染大家，推动着基金会工作的正常运转。南希说："我选择跑步作为支持这项事业的方式，是因为跑步是积极的、充满力量的人生态度。"

为了让更多的妇女了解有关乳腺癌的知识，得到早期的发现和治疗，基金会自成立以来做了大量工作。1982年，苏珊·克尔门基金会只有南希和200美元。如今，基金会已有上千位志愿者，其中有妇女，也有男人。在过去的8年中，他们已为乳腺癌的研究、防治和对患者的教育募集到800万美元。如今，基金会已深入人心，越来越多的患病妇女参加基金会，加

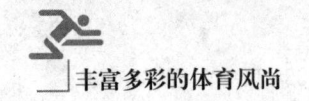

入到为战胜病魔和死亡而长跑健身的行列中……

今天，为了生命，为了死去的亲人和朋友，妇女们聚到一起向前迅跑。妈妈推婴儿车，女儿推着轮椅上的妈妈，妇女们手拉着手。在这令人激动的时刻，许多妇女在自己的运动衫上写着："为了纪念妈妈，1990.8.6"。林达患有骨癌，她在膝盖上绑了支架，边跑边走，一位名叫凯丽的姑娘用17分42秒跑完了全程。她的母亲死于乳腺癌，妹妹也得了乳腺癌，因此她患癌的可能性极大。41岁的基金会国内市场主任朱蒂也同6岁的女儿手拉着手，步行在人流中，她将在跑步后几周接受放射性治疗。希莉亚在后面以轻快的脚步走，这一举动是妇女能够战胜乳腺症的又一证明：她用了48分钟走完全程。她后来说："名次对我来讲并不重要。我是为了从中感受到一种快乐，生活中有多种选择，任何人都可看见。今天，这里的妇女选择了一种积极健康的生活。"

达拉斯市大街上，妇女们潮水一般向终点涌去，街道两旁助兴的男人们挥舞着手中的小旗。长跑队伍中一些妇女激动地高举双臂大声欢呼，庆祝自己的胜利……

弄潮儿

嫁与瞿塘贾，朝朝误妾期；
早知潮有汛，嫁与弄潮儿。

这是唐代诗人李益写的一首著名的五言诗。一个寂寞的商人弃妇，愿意嫁给在江海大潮中游泳的好手，这说明在唐代社会已有了弄潮活动。而且人们对弄潮的游泳好手怀有敬佩心情。

游泳是人类向大自然斗争并获取生产资料的一种技能。我国古代最早的诗歌集《诗经》就描述了游泳："就其深矣，方之舟之，就其浅矣，泳之游之。"战国时期许多史料都提及游泳。《列子》载："孔子观于吕梁，悬水三十仞，流沫三十里，鼋鼍鱼鳖之所不能游也。见一丈夫游之，白公问曰：若以石投水何如？孔子曰：吴之善泅者能取之。"这说明，在春秋战国时期，民间已有较高超的游泳技术，可以渡过鱼鳖不能游的急流，可以潜入水底取石，可以杀死水鼋鼍。

现藏故宫博物院战国时期的一只铜壶，壶上纹饰《宴乐渔猎攻战图》，其中有人鱼共游，人的游泳姿势协调自然，类似现在的自由泳，可以同埃及浮雕《营救落水者》中所显现的游泳技术相媲美。

宋代文学家苏轼，写了一篇《日喻》提出了人类的许多知识来源于实践。他说："南方有没人，日与水居之而能涉，十岁而能浮，十五岁而能没矣。日与水居，则十五而得其道，生不识水，见强壮而见舟而畏之。"苏轼用浅显道理说明了，宋代没人由于居住在近水环境中，逐步适应水性而掌握了游泳技术的。

钱江潮，为天下奇观，它孕育了我国民族传统运动——弄潮，弄潮以其独特风格展现在世人面前。"浙江之潮，天下之伟观者也。自既望以至十八日为最盛，方其远出海门，仅有银线，既而渐近，则玉城雪岭，际天而来，大声如雷霆，震撼激射，吞天沃日，势极雄伟。"在这"际天而来""吞天沃日"的潮水中，"吴儿善泅者数百，皆披发文身，手持十幅大彩旗，争先鼓勇，朔迎而上，出没在鲸波万仞之中，腾身百变，而旗尾略不沾湿。"这种高超的游泳技术，勇敢无畏精神，确实值得赞佩。当时一些文人看过弄潮儿表演后，都为之触目惊心，许多年后回忆起来还有余悸。"吴儿不怕蛟龙怒，风波平步，看红旗惊飞，跳鱼直上，蹴踏浪花舞。"这是宋词人辛弃疾的观潮感受。

弄潮儿其胆量之大，技艺之高超，令人叹为观止。因而弄潮儿当时被奉为水上英雄，备受人敬重。"弄罢江潮晚入城，红旗猎猎白旗轻，不因

丰富多彩的体育风尚

会吃翻头浪,争得天行鼓乐迎。"人们希望能征服潮神,平安度日,弄潮寄托了人们征服自然的美好心愿。

弄潮儿所显示出的一个民族勇敢强悍精神,普遍受到人们的赞赏和重视。到了南宋,传统的水上运动常常被作为军事训练手段。训练水师,培养士气,从而体现出它的社会价值。钱塘江弄潮活动在宋代是高潮,明清时期,关于弄潮的记载不多,但在西藏地区扎什伦布寺壁画中却有游泳图像。

在北宋,皇家每年还举行游泳比赛。据《宋史·礼志》记载:皇帝在金明池检阅水军的时候,"掷银瓯于波间,令泅波取之"。去取银瓯的当然不会一个人,而是若干人去争取,这自然是一种竞技性游泳。另外,在宋代汴京城和南宋临安城,都有专门从事水上运动竞技表演的艺人。当时水上运动除了弄潮泅水表演外,还有踏混木、水傀儡、水百戏等项目。踏混木类似现今冲板运动,在水中"踏木而行"。水傀儡是船上表演的杂技,而水百戏,就是"水秋千"。据《东京梦华录》记载:水秋千是一种在两艘船上立秋千,"船尾百戏人上竿,左右军院虞侯监教鼓笛相合,又一人上蹴秋千,将架荡平,筋斗掷身入水"。这种水秋千类似今日跳水运动,但不是用跳板,而是用秋千板。这种水秋千比跳水难度更大,因为秋千荡平只是一瞬间的事情,如果没有适时跳离,它就会回荡,再跳离就危险了。这是一种高超的跳水表演。现代跳水运动始于18世纪德国。我国水秋千运动整整比西方跳水早近千年。当时这种带有竞技特点的"水秋千"很受人们欢迎。宋人王硅《宫词》中写道:"内人稀见水秋千,争擘珠帘帐殿前,第一锦标谁夺得,右军输却小龙船。"

在唐宋时期,由于弄潮、泅渡、水秋千表演等水上运动兴盛,有着比较广泛的群众基础,所以自然也涌现出不少优秀好手。唐代有一个身手不凡的游泳家,名叫曹赞,他可以穿着一身衣服从百尺高的桅杆上跳入水中,然后坐在水面上悠然自得。他曾经让人把自己装在一个口袋里,并用绳子扎住袋口,投入江中,然后自己从口袋里解脱出来,使旁观者目瞪口呆（《因话录》）。

在希腊此时游泳十分盛行，而且开始有游泳池设备，同时开始出现女子游泳。

教会中的"灰姑娘"

北美殖民地弗吉尼亚，早期被殖民者（大多数是清教徒统治者）统治。1611年5月10日新总督托马斯·德尔带着新法典来到弗吉尼亚：在他登陆的前一个月，他在街道上看到有人玩滚木球，他很不高兴，于是发布了第一部"弗吉尼亚刑法法典"。其中第六款这样规定：

"任何人不得以任何游戏来破坏安息日——无论是公开的，还是私下的。初犯者一周内不供给食品，又犯者不仅剥夺供给物，还要加以鞭笞，第三次犯者将判以死刑。"

由于殖民地统治者严格遵循英国国教教规，严厉惩罚一切"腐化"和不合法的体育游戏等行为，使得弗吉尼亚体育活动降低到最低点。在清教徒看来，要建立纯洁的教会和神圣的安息日，安息日是个自省、自律的日子，一切体育娱乐和游戏被认为是为了不值一钱的目的，而滥用了上帝的神意。上帝决定人们的命运，所以我们不能把一些轻浮的运动娱乐举动与上帝神圣旨意联系在一起。每人都应听从天命并为之不停工作，因此留给体育和娱乐的时间就没有了。在清教徒看来，永久的休息是来世的事情。在世的人们理所当然地要"为创造他的人（上帝）而工作，直至生命的终止"。在清教徒看来，运动娱乐是时间的浪费，而浪费时间被认为要遭受天罚的大罪，娱乐体育活动会受到最严厉的道德谴责。

1660年，查理二世的王朝复辟标志着清教僧侣在英国统治的结束。英

丰富多彩的体育风尚

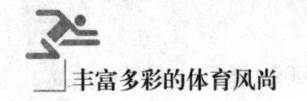

国议会的权力得到恢复。20多年清教徒对社会的控制遭到猛烈的抨击，人们由长期被压制的禁欲生活转向了"寻欢作乐、聚众欢宴"，此时从未爆发的体育活动热潮再度兴起，清教徒变成了整个社会的众矢之的。然而他们并不甘心于自己的失败，斗争是激烈的。早在国王亨利三世时，国王便是一位优秀运动员，他的掷球技术相当不错，此外他非常喜欢打猎和其他野外活动，传统的欢乐气氛受到清教徒主义者猛烈攻击。17世纪英格兰，安息日十分混乱，清教徒对国王詹姆士一世以及他在1663年发表的给他儿子的训令感到愤慨。在这项训令中声称安息日祈祷后，进行体育娱乐活动是合法的。他告诫他的儿子亨利王子要清除懒惰这个罪恶的根源，建议他进行跑步、跳跃、摔跤、击剑、象棋、跳舞、打网球、射箭、骑马等所有的运动。

弗吉尼亚是北美最早的13个殖民地之一，也是当时最富有、最愿意吸收外来文化的地区，它在思想文化诸方面的创新对后来美国文化发展具有深远的影响。

在17世纪50年代，几千名骑士党人和保皇党人逃离克伦威尔共和政体的统治，移居弗吉尼亚，他们的早期到达同烟草种植园主的利益一致，贵族使弗吉尼亚种植数量得以增加。他们极力模仿英格兰的地主贵族，渴望将弗吉尼亚建成一个有贵族阶层的殖民地。在这块土地上禁欲主义正在迅速消失，新老种植园贵族极大地打破清教徒的禁欲主义束缚，在和平劳动的同时，也十分热衷体育和娱乐。不管是一支舞曲，一杯酒，还是桥牌或赛马都能使得他们激情迸发。

在这段时间里，骑马、马术和赛马已成为弗吉尼亚受欢迎的运动。每一位种植园主都希望有高超的骑马技术，即使是较穷的种植者也会为他们的马和自己作为一名骑手而自豪。1688年，一位名叫克莱顿的教会区长在观赏他们骑马后，十分惊奇地称赞他们"骑马非常优美敏捷"，"奔驰的骏马眼前呼啸而过"觉得在这里感到一种英国本土从未有过的活力和生气。

赛马统治着弗吉尼亚当时的体育娱乐活动。骑马、乘坐马车和马上进行各种比赛最早发生于亚洲，4500年前，两河流域的苏美尔人便发明了车辆，以后又开始使用马匹，当时骑马是十分危险的，因为当时未用马鞍。

近代马术起源于英国。17世纪英国资产阶级革命后赛马活动有很大发展。弗吉尼亚就是殖民地中最早发展赛马运动的地区。当时赛马道是一条长约四分之一英里的直线，它往往建在离教堂、政府所在地或小酒店等人员比较集中的地方，附近是一片旷野。在每一条10—12英尺宽的窄跑道上起跑，在跑道的终端通常是用一根竖起的木桩或棍棒做标志。18世纪初，英国女王支持，争夺奖金的赛马活动更为盛行。1751年英国出现"骑手俱乐部"。此时的弗吉尼亚人与早期清教徒在观念上截然不同，早期清教徒把体育娱乐看成是对神圣秩序的践踏。而此时的弗吉尼亚人更加热衷于新形式体育项目的开展，如赛跑、追逐醉猪等等，他们把这些活动看成是日常生活的一个重要部分。

云想衣裳花想容

运动服装反映着时代的审美观，它随着体育的发展而不断推陈出新。

古希腊、古罗马人把锻炼有素、肤色黝黑视作美的标准。当时，古希腊的竞技家无一不是裸体进行比赛，唯有身着古希腊式长衣、驾驭快马的御者例外。就是女子运动服装也多很简便，公元4世纪罗马妇女体育活动就反映了这种情况。

在希腊化时期（公元前第4世纪末至第1世纪末），参加竞技会的妇女曾穿过短外衣——一块长方形的织物，与左肩部分相连，胯部束带。

中世纪时期，掰手腕、摔跤、骑士比武等项竞技相继出现。当时，还没有特制的服装。双方角逐时，穿的是家常便服——窄而紧裹着身体的衬裤、系细带和宽袖的短上衣。不过，骑士们比武时所披挂的竞技用的甲胄与军人的盔甲相比有较大差异，前者做工更为精细，饰物的质量也高。当时选用意大利和法兰西产的织物和材料制成的甲胄尤负盛名。铠甲、盾牌和头盔上都模压有精致漂亮的花纹，头盔上还饰有悬垂至背部的长纱（鲜艳的刺织物条）。可以说，此类甲胄是人类最早的专业运动服。中国唐宋时代马球运动盛行不但要挑剔马匹的优劣，球子色彩，球杆花纹质料，而且对打球服装也极讲究。唐李廓的"长安少年行"一诗中就有"长拢出猎马，数换打毬衣"一句。

马球可穿之鞋一般齐膝长筒皮靴称为"马皮靴"，球帽古称"幞头"，打球衣称"球衫"。

17世纪50年代，在英国和法国，富有的贵族妇女阶层内出现了打猎和骑马时穿的服装。这种服装包括：宽大的长裙、男式长衣、宽腰带、插着驼鸟羽毛的帽子、男式领带和一只带穗的肩章（用布条扎成）。无论远看近看，都颇有几分男子汉的气度。有时，妇女们下身干脆穿一长男裤。这种17世纪出现的服装是18世纪和19世纪"女骑士服"的雏形。

19世纪，妇女习惯于侧身坐在马鞍上，因此女骑士的裙子都还保留着拖地裙裾。这期间，带面纱的高筒帽也风靡一时。后来，当女士们开始像男人一样分腿跨坐在马鞍上时，拖地裙裾也随之匿迹。这时，"女骑士服"套装就由裙子（有时是裙子配上用同一种织物做的短裤或裙裤）、短上衣和小巧玲珑的软帽组成。再往后，女骑士穿用的裙子就完全被裤子取代了。

17世纪，男人的骑马装与常服没什么区别。在英国，男人们为了骑马方便，通常穿前下摆裁开的长外衣。

19世纪80年代，人们对体育运动的兴趣越来越大，各种形式的运动俱乐部如雨后春笋般层出不穷。1896年，奥林匹克运动会得以恢复。不过，合适的运动服还未出现。径赛运动员是身着白色长裤，脚穿黑色短靴奔跑在运动场上。只有一个名叫托马斯·贝尔格的径赛运动员穿着一双矮鞋。据同代人描述，参加第一届近代奥林匹克运动会的德国运动员当时穿的是单一颜色的长袖紧身衣和家常内裤。

随着体育运动的日益普及，爱好者逐年增加。体育服装也发生了很大变化，其中尤以自行车运动对妇女服装的发展和创新影响最大。女自行车运动员不顾社会上一些人的谴责和世俗的偏见，毅然穿起了开襟的裙服（裙裤）和紧身短上衣。再晚些时候，用身腰的衬片缝制而成的短上衣曾流行一时。随着汽车运动发展，女士们终于与紧身衣告别。女赛车运动员先是穿宽松肥大的外衣，尔后又改穿短上衣、高领绒毛线衫、紧裤脚的过膝短裤。说来有趣，在运动服装的演变过程中，数游泳装的出现、更新和发展招来的责难和非议最多。18世纪，贵族妇女大都穿着缎料做的圆环裙（一种用硬环扩张的裙子）下水嬉戏。随着时间的推移，海滨洗浴变得像骑马一样时髦。这时候，世界上最早的游泳衣——脖领四周饰有大量褶裥的长浴衣问世了。遗憾的是这种臃肿的"布袋子"碍手碍脚，并不受妇女欢迎。于是，稍大胆一些的妇女就改穿较短一点的紧身连衣裙下水。这身装束再配上打着花结和条饰的帽子，外加用粗线编织的小便鞋就构成了当时最时髦的游泳服。除此之外，为了避免日光灼烤，女士们还要人手一顶小阳伞。她们就是这样一副打扮而在水中游动的。年轻姑娘泳装要略微简单些，其样式与现代的工人、技术人员的连衫裤颇为相似。19世纪末，妇女们表现出了前所未有的勇气，为了自由自在地游泳，她们穿起了束腰的芭蕾裙和短裤。这种泳装存在的时间相当长，一直到20世纪20年代还未见绝迹。不过，其样式时常随着时髦的要求而有所变化。有一段时间，点缀着大量钮扣、条饰、花结和绣花的游泳衣最为时髦。相比之下，在海滨游泳的男子汉的穿着就较为简单。他们一般穿的是用纱布或斜纹布做的花条连衫裤。20世纪初，出现了针织游泳衣。然而，当妇女们欢欢喜喜地穿上紧裹着身体的游泳衣在海滨浴场上露面时，却立即遭到非议。

丰富多彩的体育风尚

在1896年的第一届近代奥林匹克运动会上，网球被列为正式比赛项目。网球运动员的服装是用浅色织物缝制的。比赛时，男运动员下身着长裤，上身穿软领衬衫。女运动员则穿一件连衣裙。只是，这种连衣裙很快就被短上衣和裙子取而代之了。

健全的理智终于战胜了愚昧无知。从此，裙子变得越来越短，越来越轻。

18世纪末，滑冰运动员风靡欧洲。许多年轻人像着魔一样爱上滑冰。然而，在20世纪初以前，人们滑冰时始终身穿家常便服。冰上运动的爱好者们也没有自己特制的服装。妇女们通常头戴大帽子，下身着长裙，上身穿短上衣。只是从20世20年代尤其是30年代起，滑冰的人们才有了相应的滑冰服。运动服装曾经对人类服装的发展产生过重大影响。色泽明快的带口袋衬衫、束腰长裤、柔软的细毡帽、精巧的鸭舌帽，各种式样的高领绒衣、毛线衣和上装，都是从运动服装演变而为人们喜闻乐见、广为流行的日常服装。尽管时装花样在日新月异，不断发展，但体现运动风姿的服装却始终会得到千百万体育爱好者的偏爱。20世纪90年代，运动服装有了显著变化，运动服装受到广大群众青睐，"就算你不是个运动健将，阳光下你的身影也显得格外挺拔。假如你不能将球打好，就无法打出漂亮的一局，假如你没有一套适合上球场上的服装，也许就少了点话题"。

20世纪90年代运动服装的发展明显体现出人的个性化特征。爱运动的人最具生命感，运动装点缀了他们的光芒，而他们从生命中渗透出的活力点染了这个世界。

她从宫中姗姗走来

如果你留心，会发现今天网球运动员在赛场上通常都穿白色运动服，但对这件事的来历可能有许多人不知道。其实，这里却有一段有趣的典故呢。

据传，这一习惯始于法国，史学家都一致认为，13世纪法国是为当今网球运动播下的第一颗坚实种子。当时法国路易十世国王曾看中他的一位年轻美貌的女厨师，他一心想把她搞到手。一天，路易十世潜入厨房，企图威逼女厨师就范，但这位女厨师坚决不从，她激烈反抗，拼命挣扎，猛地把路易十世一推，这位国王没站稳，仰身掉进面粉桶里。路易十世从面粉桶里爬出后，满身白乎乎的，随即来到网球场打网球，善于奉承的朝臣们还以为这是国王倡导的一种新穿着，便纷纷效仿，都穿上白色衣服打网球，于是这种穿着盛行起来，久而久之，便成为人们的一种习惯，这就是今天运动员都穿白衣服打网球的来历。不管这个故事在某些历史学家听起来是不是逼真，但是网球运动来自宫廷这是被人们一致肯定的。

网球运动怎样传入法国，至今有不同看法，但多数史学家认为是法国十字军东侵带回来的。当时法国十字军到达尼罗河三角洲的一个岛上，岛上就有这种运动。该岛生产优质亚麻纱和棉织物。这项运动早期用的球很有可能用该地产的亚麻纱和棉织物做的，很遗憾，该岛在公元226年沉没。

球拍的演变可能始于用手掌击球。因此网球运动被称为"掌球游戏"，这种称法延续百年。随后开始使用手套。14世纪，人们用形似船浆的木板击球，不久后，在木板上加上柄把，抽空中间，穿上细绳，球拍的形式几经修改，终于演变成今天样式。

丰富多彩的体育风尚

网球一词源于罗马古语，意为"被束缚的"。先前网球运动在户外进行，用庭院或修道院式的墙作为边线，基督教会的学生最先开始这种游戏。早在1245年，几个主教因玩此游戏贻误了教堂里的圣歌，大主教鲁昂和路易九世下令禁止此游戏。

在法国，路易十世是第一个因打网球而丧命的帝王。那是1361年，路易十世打完网球后，大量饮用了冷水，而致使旧病复发而丧命。路易十一的儿子查理八世是第二个因打网球而丧命的帝王。他因在打球时不慎头撞在球场门楣上而脑外伤死亡。

起初，网球运动由一两个人或三个人组成一队，场地中间放置某种障碍物，先是土丘，后来改为绳索，再后来用粗绳上系上多缨结。继而形成现今这样。

球形的变化不大，法国最早形容球的用语是"esteuf"，意为布织品，当时球是用布或棉织品制成的。后来球的表面用皮革制成，里面塞满了羽毛或棉织物。

16世纪末，一个名叫盖伊·福布特的法国人整理了第一本比赛规则。到1600年，网球运动在法国形成高峰。当时，每一座教堂都有两个网球场。随着时间的推移，网球运动迅速普及，国际比赛日趋频繁，但不久这项运动带有赌博性质而遭到禁止。直到20世纪，网球运动才在法国进一步发展起来。1900年网球运动联合协会在巴黎成立，该协会在当今国际网球运动中发挥重要作用。

网球的打法和乒乓球相似，不同的是网球既可以打从地上跳起的第一次球，又可以打没落地的空中球。网球基本技术有发球、抽球、截击球、高压球、高吊球、短球、反弹球等。在规则上，凡是击球触网和出界就算失分。发球时必须站在端线外，把球发在对角的发球区内，不准双脚跳起。发球一次失误后，还有一次机会。轮到发球一方，必须发完一局，再轮到对方发球，每局4分，任何一方先胜6局者就算一盘。正式比赛男子均采用五盘三胜制。女子采用三盘两胜制。在国际比赛中一般采用"平局决胜制",即每盘局数打到6平或8平时再打一局,先得7分者获胜。

现在世界高水平的网球比赛每年四次,即温布尔顿国际草地网球锦标赛,美国网球公开赛,法国网球公开赛,澳大利亚草地网球公开赛。

网球场地有草地、沙地、泥地、塑胶地等数种,球场长23.77米,单打场地宽8.23米,双打场地宽10.97米。

来自东方的花朵——"美人踢球"

中国唐代不仅有女子足球而且女子足球技术还较高超。唐人唐骈写的《剧谈录》中记载一个女子踢球的故事:"京兆府的小官吏王超,有一天走过长安城胜业坊北街,时春雨初霁,有一三鬟女子,年可十七八,衣装褴褛,穿屐于道侧槐树下,值军中少年蹴鞠,接而送之,直高数丈,于是观者渐众。"这个女子能够接住军中少年踢来的球,而且穿着木屐,一脚把球踢了数丈高,这大概是世界上关于女子踢球的记录了。唐代开始有了女子足球,其踢法多是不用球门,以踢高、踢花样为能事。唐代诗人王建有一首《宫词》,是说在寒食节(清明节)这一天,宜春院的仕女们以踢球为乐。在这一天,有禁烟火吃冷食的习俗,都到郊游参加一些体育活动,以消除寒食的积滞,皇宫中有这样习俗,民间也有。唐代王维诗中写:"蹴鞠屡过飞鸟上,秋千竞出垂杨柳。"可见踢球之高。

自从唐代开创了女子足球风气以来,以后历代朝代也都程度不同地有女子足球活动,到了明朝,甚至出现以表演踢球为生,球技高超的女艺人,社会文人称之谓"美人踢球"。明代初年一个叫彭云秀的女艺人,她表演起球技来,只见球在身上左右滚动,上下颠倒,有的人赞叹她的表演,说她"一身俱是蹴鞠"。由于女子足球广泛开展,各种文艺手段必然

丰富多彩的体育风尚

要反映这种社会生活。诗词歌赋赞美女子足球的甚多，但其中最突出的要说是元代大戏曲家关汉卿所写描写元代妇女踢球的散曲——《女校尉》（校尉即是女足球队员）和《蹴鞠》。这两首散曲可以说是我国古代足球文艺的代表作。大概也可以说是世界上最早的足球文艺作品。这两首套曲，关汉卿能熟练运用"蹴鞠"术语，反映古代女子足球活动面貌。其中《蹴鞠》一首是这样描写女子足球活动的（译释文节选）：

她脚着木跷把球儿踢，实在是费了心机。
不枉她苦练习，顽强精神可贵无比。
你看她紧擦地面，刚把球捡起，
又急起身猛一脚，把来球踢回去。
球场上她急促呼吸，吐出的气味异香扑鼻。
长长的罗袜沾满了泥，她天性聪明，多才多艺。
容貌俊秀可以同鲜花相比，特别是她踢了一脚"鸳鸯扣"，
体态优美就像画那样秀丽，弄得那些球友们，
眼花迷乱，不能其艺。
柳腰儿虽细，动作可伶俐，观众们非常着急，
都为她失去球儿惋惜！
啊！她是那样温柔美丽，少有人像她这样明了球艺。
她成天价左盘右折苦练习，是那样有秩序、省力气。
跑动着侧行把球儿踢，多像那粉蝶儿在花间飞戏。
她终日不离花畔柳影下球场，
不是两人对练，就是三人脚踢。
比赛中每每她射门破网，
足球场上她总列第一。

从《蹴鞠》套曲中可以看出，宋代以后的女子足球踢球技术与唐代不同，有用球门的间接比赛和不用球门的白打。套曲《蹴鞠》中所描写的踢法"鸳鸯扣"和两人对练和三角踢等即是"白打"。而踢球射门破网，显

然是一种对抗比赛有球门的踢球技术。唐代以后，随着生产力的发展，足球制作技术也有所改进。一是将两片皮合成的球壳改为用八片尖皮缝成圆形的球壳，使球更圆了。二是把球壳内塞毛发改放一个动物尿脬（膀胱），成为吹气的球，在世界上也是第一个发明。英国发明吹气的球是在11世纪，较我国唐代晚了三四百年。由于球体轻了（汉代因为球为实心，较重）所以也给女子足球发展带来有利条件。

由于女子足球的兴起和发展，使足球在社会上影响更广泛，人数众多，比赛和表演频繁，为了维护自身利益，宋代的踢球艺人组织了自己的团体，叫作《齐云社》又称《圆社》，这是我国最早的单项运动协会。《圆社》的人数不少，包括女子，许多历史文献称"天下称圆社"的记载，由此看来，圆社是全国性的足球组织。

施耐庵的《水浒全传》中，写了一个踢球发迹后来当太尉的高俅。小说虽然在人物事迹和性格上做了夸张，但基本上是事实。北宋确有个圆社高俅，他是圆社组织的成员。也确是因为陪侍宋徽宗踢球而提拔当了殿前都使的大官，这事记在王明清的《挥尘录》中。高俅发迹这件事告诉我们：宋代皇帝和官僚贵族是喜欢踢球的，有些人本人爱踢球，有些人爱看球。上海博物馆藏一幅元钱选绘的《宋太祖蹴鞠图》，描绘的就是当时情景。另外也告诉我们，宋代确有专门靠踢球技艺维持生活的艺人，他们组织了"圆社"群众组织，圆社的组织活动还十分活跃，特别是对女子足球发展起了推动作用。

宋代由于足球运动受重视，相当普及，因此也就有一些专业著述以及文艺作品。如《蹴鞠图谱》《蹴鞠谱》和《事林广记·戊集》就是宋代有关足球的著述。"风流无过圆社"，"青春公子喜，白发士夫怜，万种风流事，圆社总为先"。《蹴鞠谱》中的这些记载证明，当时圆社确是人们欢迎羡慕的社团组织。

女子足球，除了有许多史籍文字记载外，有一些文物图像上也有反映。如河北省邢台出土的"蹴鞠纹瓷枕"上海博物馆藏"仕女图"蹴鞠部

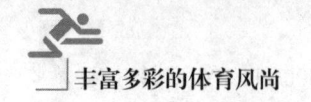

分都对女子足球有所描绘。

备受青睐的"女孩球"

在运动项目中有两个项目是一对孪生姊妹,她们比赛规则基本相同,使用的场地和器材相似,人们称呼她们也往往不分开,这就是棒、垒球。

在欧洲中世纪,在贵族有闲阶级中就流行一种近似于棒、垒球的游戏(棍棒击球游戏)。如图示在格洛斯特大教堂窗雕上就塑有击球运动员的形象,另外也还有在法国北部流行的一种棍击球运动和手脚并用的球戏,这都是现今棒、垒球的雏形。

现代垒球源于美国。1839年感恩节,芝加哥一个赛船会会员在体育馆集会,有些人姗姗来迟,一些人等得不耐烦,他们互相投掷拳击手套作游戏。其间一名会员请另一会员向他投来手套,他随即抡动扫帚将手套挥击出去。在场的一名叫博格的医学博士受启发,于是拟订规则,筹备器材,邀请会员在体育馆内举行类似比赛,棒球由此产生。后来有位名叫列奥·欧菲沙哥的记者,他建议把这项运动略加修改,使得室外棒球能在室内进行,使其更具广泛性,取名"室内棒球",后来又有人取名"女孩球""软球"原文:"Soft ball"——"索夫波",即我国译名"垒球",直到1933年美国垒球协会成立之后,垒球这个名字才被各国所接受。

垒球运动虽然历史不长,但是现在已具有广泛的世界性,并是深受各国观众喜爱的运动项目之一。1952年总部设在美国的俄克拉荷城国际垒球联合会正式成立。

垒球源于棒球,所以比赛场地、器材、规则等都与棒球基本相同,不同的是垒球比赛用球比棒球大而软,球棒较细、场地小,球速慢,因之更适合于女子开展。所以早有"女孩球"之称。

　　垒球在美国开展极为普遍。全国参加人数有2000万，其中女子有800万。美国垒球运动水平很高。在历届世界锦标赛中，美国男女垒球队都获得优异成绩。垒球也是日本颇为盛行的一项运动，垒球运动被列为中小学教学大纲。

　　中国从20世纪初开展垒球运动，但进步很快，80年代初已进入世界先进行列。创始于1981年的中、日、美世界女子垒球锦标赛是世界级女垒大赛，代表了当代女垒的世界最高水平。这个大赛是经国际垒联批准而命名的。中国、日本、美国被公认为世界女子垒球"三强"。1983年，第2届香港国际女子垒球邀请赛上，力挫新西兰、加拿大、澳大利亚、日本等世界强队，荣获冠军，被誉为"无冕之王"。

　　垒球比赛场地呈直角扇形，其尖角为本垒。并以18.29米距离，按逆时针方向，向正方形的其他三角上分别放一个四方形帆布垒包，称"一垒""二垒""三垒"。这四个垒之间连接成正方形场地就称"内场"。在内场中部正对本垒，设一投手板，作为守队投手投球站立位置。

　　垒球比赛时，双方应有9名队员上场比赛。替补队员可以在死球时换人，但被替出队员不得重新加入本场比赛。

　　垒球比赛不按时间而按局数进行。一场比赛共进行7局，双方各攻守一次为一局。攻队中如一局中有3人出局即失去继续进攻权利，而改攻为守。攻队队员依靠击球和跑垒，在3人出局前从本垒出发依次通过1、2、3垒，最后安全到达本垒，就判得1分。经过7局比赛，以累计得分多者为胜。如第7局双方为平局，则延长比赛局数，直到分出胜负为止。

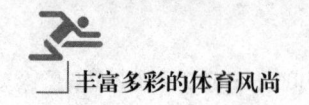

花木兰与贞德

"谁说女子不如男"这被无数历史事实所证实,在中世纪后期,世界上涌现出两位征战沙场的女英雄。一位是中国的花木兰,另一位是法国的女英雄贞德,她们英勇奋战,刻苦练武拯救祖国的事迹,被世人所传诵。

花木兰

关于中国花木兰的传说,几乎家喻户晓。在古书《亳州志》记载:"木兰一名,姓花,孤姓魏氏,诧亳州东村人,隋恭帝时募兵戍北方,木兰父老,弟妹俱幼,木兰乃请于父代行,历十二年身接十有八阵,树殊勋。"

花木兰从小刻苦练武,胸怀大志,文武双全,有一首民谣写道:

说木兰,道木兰,

木兰不爱吃和穿,

不爱金,不爱银,

不爱懒散不贪玩。

别看人小志气大,

要做文武双状元。

花木兰从幼年练武:有一次,花木兰见一些男孩子在村外放风筝,她回到家里让父亲给她扎了一只老鹰,她到村外去放。老鹰飞上天了,在空中摇头摆尾,非常好看。正在高兴的时候,一股狂风吹来,那只老鹰三摇两摇挣断了牵线,飘飘悠悠落到青云庵中。花木兰追到门口,见大门紧紧关闭,隔着门她听到院中呼呼地风音,她绕到院后,见离墙不远有一棵大树,花木兰轻而易举就爬到大树上,朝里一看,见一位年轻的尼姑正在院中舞剑。这尼姑原来是青云庵的静远师父，深山学过艺，有一手好剑法。花木兰从树枝到墙头，又一个纵身从墙头上跳进院子里来。老鹰也不找了，要跟她学剑。

静远师父见她小小年纪，身体如此矫健轻盈，就知她从幼学一点武艺，有些基础，问了她的情况之后，笑道："你跟我学剑可以，可要削发为尼，把头发剪掉呀！"

木兰道："行，只要师父教我，你剪吧。"说着头伸了过去。

静远师父见花木兰诚心诚意，又十分可爱，很亲热地说："好孩子，这会儿不剪，看你学得如何之后再剪。"花木兰闻听，急忙跪在地上叩了三个头。静远就算收下了这个小徒弟。从此之后花木兰避着父母天天到青云庵跟师父学剑。

一晃三年过去了，她除了学会静远的剑术之外，又创造了一种特殊的剑法，叫木兰剑，后人称为花剑。花木兰的师父静远，曾写诗赞她的剑法道：翻天兮惊飞鸟，滚地兮不沾尘。

有一天傍晚，花木兰的弟弟魏木刀到后院玩耍，忽然听到一阵阵呼呼的风声。抬头一看树梢不动，哪里来的风呢？循声望去，后花园的树林里像有一团白云在舞动。魏木刀不知是怎么一回事，顺手拾了一块小石头砸去。只听当的一声小石头被挡了回来。魏木刀吓得转身就跑，大声呼喊花园里有鬼！花木兰的父亲急忙去拔剑，奇怪得很，只有剑鞘，宝剑却不见了，只好提着一把刀向后花园跑去。当他来到后花园一看，不禁吃一惊，问道："谁在舞剑？"花木兰听到父亲的问话，忙收剑势，持剑立在树林边，微然带笑。

父亲见木兰练出如此惊人剑法，真是说不出来的高兴，连连夸奖道："好孩子，有本领，有志气。"随后又问明她的师父。花木兰练了一手好剑法，父亲又把祖传的魏家刀传给她，并教她骑马射箭，兵策战书，鼓励她将来为国出力报效。

《木兰诗》中写道："昨夜见军帖，可汗大点兵。军书十二卷，卷卷

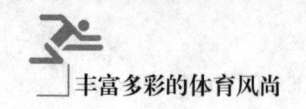

有爷名。阿爷无大儿,木兰无长兄。愿为市鞍马,从此替爷征。"从诗中可知,花木兰是主动提出女扮男装替父从军的。其父深知木兰的武艺和为国报效的壮志,欣然同意了女儿的要求。

据说,花木兰此次"万里赴戎机,关山度若飞"。十几年来,打了一百多仗。花木兰冲锋陷阵,屡建奇功,其中最主要的有三次:

第一仗是在黄河边,刀劈胡奇先锋官铁木尔;第二仗是在黑山关,剑斩敌军副帅铁木奇针;第三仗是在燕山关,凭着一把花剑降服侵略军主帅完旦古龙。从此,花木兰和花剑的名声就传开了!

贞德

世界历史上最长的一次战争,就是英法两国之间的百年战争,它从1337—1453年才结束。持续116年。法国女英雄贞德孤军奋战,拯救祖国的故事,就发生在这次战争中。

贞德如同花木兰一样是个平平常常农家少女。住在法国东部杜米列村。她的父亲是个贫苦农民,种几亩稻田,养着几只山羊。贞德从小爱劳动,喜欢运动,身体结实,还有一股假小子的敢作敢为精神。贞德从小帮父母干活,根本没机会念书,所以大字不识。但是,国家危机和各地人民保卫祖国的消息使她十分激动。当她17岁时,英军围困了巴黎南面的奥尔良城,消息传来,贞德感到自己是一个女孩子,也有责任拯救祖国,她一再请求父母带她去见法军队长。经过一再恳求,终于来到队长面前。

"你这小姑娘,连怎么戴头盔都不知道,怎么能上战场打仗?"军官问。"我有决心和勇气,我能骑马射箭,我能学会战斗!"贞德以坚定的口气回答。

"你一个人怎么和英国军队作战?"

"我有祖国和人民,还有国王。我要先解救奥尔良城,让国王加冕。"

贞德经过两个月的积极争取,终于国王接见了她并同意她的作战计划,并给她一副铠甲、一把剑,还授予她一面印有王室标记的白色百合花旗帜。贞德威风凛凛率领一支大军去解救奥尔良。

贞德骑马来到一座堡垒前，把一封写好的信射上主塔台。英军主帅根本没把贞德放在眼里，还以为法国已无将可用，派这么个黄毛丫头来指挥作战。他们对贞德所下战书置之不理。

贞德见英军没动静，马上指挥军队发起进攻，她带头冲进敌阵，奋力攀登梯子冲向敌人主堡垒的塔台。这时一支箭射中她的胸膛，她咬紧牙关硬是把箭拔了出来，英军吓得目瞪口呆。她忍着剧痛，挥舞着百合花旗，高声喊道："士兵们，胜利是我们的，冲进去！"她抢先冲进了堡垒，勇猛的战士跟在她后面，一下子占领了堡垒。英军主堡垒被攻破，其他英军纷纷投降。

由于贞德打败了英军，解救了奥尔良城之围，人们就称颂她为"奥尔良姑娘"。

接着，贞德率领军队又一鼓作气，收复了许多城池。7月7日，晴空万里，阳光普照，查理王子终于在兰斯大教堂行加冕礼，登上了法国王位，在他宝座的旁边站着神奇的统帅——少女贞德。

谁是健美创始人？

1893年，世界博览会在美国开幕，当局为了招徕观众，特地创建了一个动物园，并在报上登载"猛狮与熊搏斗"的消息，警察局怕出事端，不让猛狮与熊相斗。普鲁士出生的世界健美运动创始人山道得到消息，马上向警察局提出了自己代替熊与兽中之王猛狮角力。警察局长以为山道疯了，许多朋友也劝他不要冒此风险。但意志坚定的山道决不改变初衷，要与猛狮搏斗。于是，动物园管理人埃京格建议在狮子的嘴上和爪子上套个

丰富多彩的体育风尚

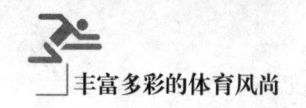

铁质网罩,并在演技场专门制作了一个70英尺见方的铁笼子。

预演那天,几个力士先把狮子的口、爪套上网罩,并用铁链把它捆住,然后把狮子运进铁笼子内,松脱铁链。站在笼外的助手们,看到狮子凶猛的气势,不禁胆颤心惊,为山道捏了一把冷汗。只见山道脱去外衣,身穿单襟豹皮力士服,足蹬半高统皮靴,纵身跳入大铁笼中。猛狮骤然看见有人,怒目圆睁,大吼一声,山道见狮子张开血盆大口正要飞扑过来,他先以右手扼住狮子的颈部,左手按住狮子腰部,然后奋力举起这530磅重的巨兽,使劲把它掷在地上。狮子翻过身来又咆哮如雷,猛然向山道头顶飞扑过来。山道急速避开,等狮子将落地时,他突然挺身用全力抱住狮子。这时山道和狮子正好是胸部紧贴,狮子两个爪落在山道的双肩上,形成人与狮子角力的架势。山道用尽全力抱住狮子;狮子也使出浑身解数,用它的后爪乱抓他的身体。山道的两腿被狮子抓得鲜血直淌。但他忍住剧痛,双臂仍像铁钳一样,使劲抱住狮子腰部;猛狮虽奋力挣扎,但也动弹不得。说时迟,那时快,山道用迅雷不及掩耳之势,举起狮子,往下一掷,把它摔在地上。但狮子毕竟是百兽之王,又倏地站起来,向山道进攻。在铁笼子外的管理人和助手等,认为山道已足够显示他的威力了,便大声叫喊:"山道,赶快离开!"山道却认为尚未最后征服猛狮,他故意背向狮子站着。狮子从他背后猛扑过来,山道早有准备,急速弯下身体,当狮子从他头顶上飞速掠过时,他突然一跃,伸手攫住狮子的颈部,使狮子的躯干搁在自己的背上,趁势降低重心,借力将狮子再次摔倒在地。这时,兽中之王威风扫地,四脚朝天动弹不得。

山道与狮子公开搏斗的一天终于来到了。能容纳二万观众的演技场挤得水泄不通,搏斗前,猛狮运进铁笼子,驯兽者为狮子加固罩网。这时狮子暴怒狂吼,挣断了铁链,欲钻出铁笼。观众见此吓得纷纷逃避,顿时全场骚乱,在这紧要关头,山道突然跃进笼内,巍然屹立,怒视猛狮。说也奇怪,平时凶猛无比的狮子却俯首帖耳,伏卧在山道面前。虽然山道多次挑逗引诱,但还是无法激怒这雄狮。于是,山道就抓住狮子的尾巴旋绕。

这时，狮子再也不能忍耐，突然向山道猛扑过来。山道闪身躲避，并转身往狮子的背部轻击几拳，然后双臂抱住狮子，举过头顶，将它掷在地上。前后不到两分钟，猛狮已变成绵羊。顿时群情激昂，掌声如雷。山道与猛狮搏斗的消息不胫而走，传遍世界各地。

山道，原名法德列·穆勒，1867年生于普鲁士的康尼斯堡。从小体弱多病，常遭孩子们的欺负。10岁时，他随父亲到罗马去旅行，佛罗伦萨美术展览馆里陈列着许多古代角力士塑像。那强健的体魄，那健美的姿态，把他看呆了。

"现在有没有这样健壮的人呢？"他好奇地问父亲。

"恐怕很难看到了。"山道的父亲回答。"古代，人们靠强健的体魄来保卫自己的安全。现在人们不太重视体育锻炼，所以像古代角力士那样强健的体魄，也就看不到了……"

回国后，古代角力士的形象，却印在山道的脑海中，此后，他每天坚持锻炼，但体质没有明显的增强。后来他学习了人体解剖学，知道体育锻炼必须了解全身各部分肌肉。当一部分肌肉紧张收缩时，一定要使其他部分肌肉松弛。

经过十年苦练，当山道21岁时，他不但力大无穷，而且全身的肌肉锻炼得非常发达，简直可以与古代角力士媲美了。一天，美术家凰莱来到山道家做客，看到山道健美的体魄，十分惊讶，后来根据山道造型的姿势，为他塑造了一个罗马演武场击剑家的像。

1887年11月2日午后，伦敦演技场内早已挤得水泄不通，英国大力士萨莫松在这里挑战，山道应战。

山道在管理人莫斯维夫和他的好友爱梯拉的陪同下，提前20分钟来到演技场后门。由于人山人海的观众已将后门层层围住，所以他们只得改道大门进入。

"任何人都不能由此门入内！"门卫蛮横地说。山道再三恳求，门卫还是不肯放他们进去。山道急中生智，"砰砰"猛击大门，没有几下，大

丰富多彩的体育风尚

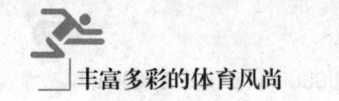

门应声而倒。这时，离约定时间还有20秒钟。

萨莫松要和山道鏖战几个回合，一决胜负。

第一个回合，萨莫松上场拿起一根大铁棒，用力猛击腹部、臂部和颈项等部位，大铁棒即弯成弓形。山道照样把大铁棒弯成弓形，再使它还原变直。接着萨莫松拿起一根粗铁丝，环绕自己的胸围，摆好架势屏住气，使铁丝崩裂。山道也如法炮制崩断铁丝，这两招萨莫松不能取胜，已感到有些胆怯。

第三回合，萨莫松以一根铁链环绕在臂上，他一鼓劲把铁链崩断。山道接取了一根很粗的铁链环绕在臂上，也一鼓劲把铁链崩断。两人平分秋色。

至此，萨莫松还不服输。山道即与裁判讲，如果萨莫松和他的徒弟沙柯陆仿效我的技艺，或者与我的体力相等，我可以承认没有胜负，也可以不接受一千英镑的赏金。说罢，他表演了第一个技艺：山道单手把280磅重的哑铃举过头顶，并俯身弯腰用单手反举头顶。第二个技艺，山道以粗铁链同时环绕在两臂上，并把220磅重的哑铃压在胸上，只见山道一发力，两根铁链同时崩裂。第三个技艺，山道用双手举起一匹活泼的高头大马，绕台走了一圈。第四个技艺，一根长铁棍，两端各有一个半圆大空球，内坐彪形大汉，他以超人的臂力，将长棍与人、球，缓缓举过顶，再放到地上。第五个技艺，山道两手各持一只56磅的哑铃，连续在台上翻了好几个跟头。第六个技艺，山道仰卧在地，胸上横放一块长木板，然后让三匹高头大马分别站在木板的中间和左、右两端。最后，由两个彪形大汉骑在两端的马背上，山道用力控制保持平衡。

山道每演完一个技艺，台下观众都报以暴风雨般的掌声。萨莫松看到山道这些技艺自忖不如。裁判员当场评判山道获胜。当向萨莫松索取1000英镑时，萨莫松推说隔日交付，于当夜，逃之夭夭。

从此，山道名声大振，前去访问他的人川流不息，后来，山道在伦敦、罗马和柏林等地表演。

1902年以后，山道先后又到澳大利亚、新西兰等地进行技艺表演，受到观众的热烈欢迎。

山道不但以强健有力显示他的技艺，他还到处向群众和医生宣传体育锻炼对增进人体健康的好处。此后，山道在英国、印度、新西兰、澳大利亚和美洲、南非等地设立了体育学校，总校设在伦敦。各校每次招生数百人，学员大都是青年士兵、消防队员、警察及学生等。在体育学校里，专门传授山道的体育锻炼法。用这种方法进行锻炼，3个月后，身体各部体围明显增大，颈围可增一英寸，胸廓增3英寸，上臂增2英寸，前臂增一英寸，大腿增一英寸半，小腿增一英寸以上。

山道还设立了函授部。根据世界各地男女青年数千人不同的体质、年龄和职业特点，分别传授锻炼法。另外，山道还传授体育疗法，对患有头痛、便秘、哮喘、风瘫、胃病、肺痨、肝、脏疾患及喉头发炎的人有一定疗效。

女性健美开山鼻祖

女子健美运动可以追溯到19世纪末。在欧美大陆，那时是杂耍剧院的黄金时代。在娱乐场所，人们可以听音乐，看各种各样的戏剧和喜剧表演。在歌舞表演当中。有时插入女大力士的演出。她们举起沉重的杠铃，挣断结实的锁链，或是支撑起巨大的负重物。

这些舞台上的女巨人，不仅以她们的力量，而且也以她们的优美的女性体态征服观众。由于当时的女性崇尚束腰，而且总是把自己裹得严严实实的，观众中的绅士们以能一睹在金光闪闪的饰物和丝绸略加遮盖的女性人体美为快事。在她们的行当中最为出色的三位：艾思列塔、乌尔卡娜和

丰富多彩的体育风尚

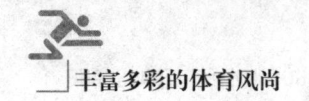

森得维娜。当时,她们的名字几乎成了女性健美的同义词。

女大力士表演是从1886年开始的。那一年,在比利时布鲁塞尔的舞台上出现了一个年轻的姑娘,她用双臂和肩膀支撑起难以置信的重量,使得在场的观众目瞪口呆。她就是第一个赢得国际声誉的女大力士艾思列塔。

艾思列塔那一年18岁。在比利时首都的一次成功之后,又旋风般地在欧洲和美洲举行了一系列演出,所到之处,千万观众都为之疯狂,当地的女子也纷纷起而效仿。

她的演出引人入胜。她从来不愿意仅仅举起一些沉重的铸铁来使观众惊奇,她总是愿意给观众一些更富有戏剧性的享受。例如有的时候,艾思列塔在鼓声的伴奏下,抓起沉重的杠铃放在肩上,这时突然从后台跑出来五个打扮成兵士的魁梧的汉子,他们粗鲁地抓住了杠铃,并且吊在上面。而艾思列塔面无难色地承担了这所有的重量。有的时候,在一种更为浪漫的气氛中,她随着维也纳圆舞曲的旋律转着,脸上挂着少女般天真烂漫的微笑,所不同的是她肩负着三个肥硕的男人。

通过艰苦的锻炼,艾思列塔到得了辉煌的成功,同时被誉为体育界中的美人。当然以今天的标准来看她是不会在健美比赛中夺魁的。她高大,壮美,她的体型反映了19世纪时的健美理想。她的17英寸的颈围、35英寸的腰围和创纪录的49英寸的胸围,在今天的健美专家们看来是有点不可思议的。

艾思列塔的成功使她变得非常富有。在她引退之后,她的三个女儿接替了她,并在有名的巴黎夜总会里取得了成功。艾思列塔是真正第一位女性举重皇后,她向她的同时代的人们证明了一个女性的能力。她不仅征服了观众,而且征服了在她那个时代普遍存在的愚昧和偏见,给那些认为女人天生是弱者的人上了一课。

在艾思列塔之后,一个名叫凯蒂·罗伯特的顽皮的爱尔兰姑娘取得了可以和她媲美的成就。这个凯蒂后来就被人叫做"乌尔卡娜小姐"。特别值得一提的是,她是第一个在使自己的肌肉高度发达的同时又注意保持自己女性魅力的女举重家。她有针对性地锻炼自己各部分的肌肉，保持了匀称的体态。她大概可以称作现代女性健美的开山鼻祖了。

与凯蒂同名的另一个凯蒂·布鲁姆巴赫是一位德国姑娘，这就是后来被叫作森得维娜的女大力士。她的父母都是运动家，她的天赋从小就受到健美锻炼的熏陶，使她具有惊人的力量。她在舞台上举起沉重的杠铃；她把铁棍弯扭成螺旋形……，她的惊人的表演不仅使观众叹为观止，而且甚至吓走了在同一城市里表演的男性大力士。森得维娜也被当时的评论家看做在舞台上最具女性美的女人。他们称她为"赫为里思·维纳斯——健与美的典型"。

近一个世纪前的这些女性，虽然并不符合现代女性健美运动的体形标准，也未必能举起现代女子举重运动员举起的重量，但她们是女子举重和女子健美运动的先驱者，她们的业绩将永远留在人们的记忆当中。

"健美"造就出色女人

20世纪90年代以来，健美运动受到许多国家妇女的欢迎。特别是在美国、德国、英国、日本等国家，妇女参加健美运动是一种时髦。在美国甚至出现许多职业健美运动员。

在美国，职业健身小姐成了一种行业，越来越多年轻漂亮的女性走进这个圈子。各种健身比赛名目繁多，职业健身小姐除了自己练健身保持良好的形体外，还要举办健身讲座、示范，以及当摄影模特。自己的照片被杂志刊登，乃是她们所追求的目标之一。多数健身小姐成名后，便有机会和企业签订商业合同，为企业做广告或拍摄健身录像带等等。健身小姐尤苏拉·萨尔切夫正是成功者当中的一个。

丰富多彩的体育风尚

在健美比赛中，你如果想自始至终看到加利福尼亚健身小姐尤苏拉·萨尔切夫的身影并不难。但是，你如果想跟随这位白中略带浅黑的混血女子采访或拍片，恐怕就需要有张美国地图了。28岁的萨尔切夫的日程排得很满，今天在科罗拉多拍照，几天后会出现在纽约赛台上，之后她又可能在佛罗里达海滩拍教学片。用"芳踪无迹"这个词形容她，一点也不过分。

这位忙碌的女性和她的丈夫，著名的职业健美明星米罗斯·萨尔切夫分手后，又恢复了单身生活。目前她和另一位健身小姐阿米·法德莉合住一套居室。她承认，缺少前任丈夫的帮助，进行赛前准备比先前要困难得多。也许是眷恋前缘，至今她仍然用丈夫的昵称："米斯科。"

她身高1.63米，1994年第一次参加"星河灿烂"健身比赛就一炮打响，戴上了皇冠，那时她的体重是117磅。这次比赛之后，她再次登台是参加纽约"冠军之夜"的健身比赛，体重增至130磅。她觉得本次比赛真使自己大开眼界。谈到比赛结果，她说："我能进入前三名，感到吃惊，因为参赛者都是NPC的高手。许多人跟我说，参加健身比赛肌肉块儿不要练得太大，要保持肌肉的柔和，所以我的小腿就比较柔，体重也不算太重。"

国际健联在1995年首次增设奥林匹亚健身小姐比赛，萨尔切夫决定去试试。她准备得很努力，但不幸扭伤了腰，错过了机会，直到1996年1月才恢复训练。

许多人对她说，两个健身小姐同居一处不会和睦，因为同行是冤家，但是这种说法错了。萨尔切夫拍的健身教学录像带是由阿米当解说员，她们合作得非常愉快。她说："和阿米住一起我很高兴，她很关心我，我俩很合得来，从不争吵。每次比赛之后，我们都一起去寻找生活中新的内容。"

竞争是美国社会生活的主旋律。萨尔切夫备感生活的压力，她所说的"生活中新的内容"就是新的商业合同。"我现在和某公司的合同还没到期，期满后假如没有别的合同，我就不再比赛了。因为即使我在纽约的比赛中获胜，3000美元的奖金根本补偿不了我准备比赛所花的费用。"萨尔切夫说，在台上去暴露自己其实也是一种手段，目的是成名，因为在成名之后便有机会上杂志，获得更好的商业合同。但是，想成名并不容易，会受到一些人为因素的制约。她说："她们可以使一些人出名，甚至被捧为头号小姐。有些人参加过无数次比赛，却没有人要刊登她们的照片。我和阿米很明白，在一次比赛中取胜是微不足道的。"

她的话道出了在商品经济社会中，健身舞台幕后的一面。当她们在舞台上展示苗条而又充满活力的身材时，自然会引起许多人的羡慕。可是在她们走下舞台之后，她们的生活到底如何？她们的家庭和婚姻状况如何？却没有多少人去关心了。

"和你所爱的人分手不是一件愉快的事，但它会使你成熟起来。我和米斯科在1992年相遇，我们一见钟情，5个月后就结婚了。"

"我在加利福尼亚州北部长大，我的家是个单亲家庭，母亲干双份工作，她很忙，常不在我身边，我从小很少得到父母的教导。而米斯科是在双亲家庭中长大，家教很严，从小就受某种道德观念的灌输。我是在一种很少有人教我应该怎么做的环境中长大的，我总是按自己的意志去做，比较固执，不容易听进别人的话。米斯科是那种喜欢引导别人的人，他想引导我到正确的方向，他竭力意图是好的，但我却不愿被他'指挥'。"

"他不想让我们在同一时间里去参赛，但这对我较难接受，因为他参赛很频繁，有些比赛我也要参加，而且又是和他在同一天举行。"矛盾由此产生了，分手后，萨尔切夫还很怀念和他的共同生活。她说："我不愿说我们彼此不相爱了，因为我还爱他。我想我们开始缺乏尊重对方是因为没有给对方足够的空间。"

第一次婚姻失败给了她一些教训，她说："如果我和米斯科结婚前彼此交往的时间更长些，有更多时间了解对方的个性和习惯，事情可能会不一样。我还会再结婚，但我不会再草率行事。虽然我和米斯科分手了，但

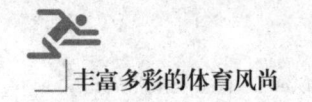

她是我在健身中获得成功的一个因素，我感谢他以往对我的支持。"

萨尔切夫还想进修营养学课程，希望当幼儿教师。她每天早晨5点钟就开始在健身房里练，每天练一个部位，每天做有氧训练一个小时，在跑步机上跑30分钟，跑楼梯30分钟，每星期有两次像拳击运动员那样击打沙包，有三次上体操训练课。

自豪吧，女性

在宽阔平坦的塑胶跑道上，在琴声悠扬的体操馆中，在碧波粼粼的游泳池……几乎所有运动场，都可以见到女运动员的娇美身姿。田径场上，她们风驰电掣如飞鸟，在地毯上，她们时而像闪电一样迅捷，时而又像风摆杨柳那么柔软，在射箭场上，她们胜过纪昌、李广，百步穿杨。

今天，女子参加体育竞赛被看作理所应该，然而你可知道，在古奥运会上这可是绝对禁止的呢？

让我们先讲一个故事，它发生在希腊古代奥运会上……

一个勇敢、风姿活泼，名叫费列尼卡的妇女，他的父亲和丈夫是声名赫赫的拳击家。他的儿子在祖父和父亲的培养下也想成为拳击场上的佼佼者。奥运会上，费列尼卡的儿子技艺超群，力挫群雄之后，赢得了决赛权。对做母亲的费列尼卡来说，有什么比儿子获得和荣誉使她更激动呢？她再无法抑制自己想看儿子比赛的欲望。在决赛前，辗转反侧夜不成寐，决定女扮男装混入赛场。由于巧妙的化装，她竟成为上万观众席位的一席。聚精会神的注视着儿子的比赛，儿子的一招一式都牵动着母亲的心，她拼命地控制住自己的感情，装着若无其事的样子。只能暗暗地在心中为儿子祝福。儿子经过艰苦顽强的搏斗，终于最后夺得了桂冠，当时全场观众为之欢呼，场内气氛异常热烈。弗列尼卡的母爱的火山一下爆发了，她激动万分地向儿子奔去，热烈地拥抱他，吻他。费列尼卡的化装失去作用，她的女性身份暴露了。仅仅为这点，她当即被逮捕，并被判处死刑。死神在费列尼卡的头上盘旋着……。

费列尼卡何罪之有，今天看来是不可想象的事，而在古希腊却是按法律行事的。古希腊是个泛神论国家，古代奥运会是一种祭典活动。统治者认为妇女参加古奥运会有渎于神明。当时运动会只是男性自由民的事，妇女非但不能参加比赛，甚至观看也不允许，谁要敢违抗，就会引来杀身之祸。费列尼卡的勇敢行动是前无先例的。后来由于她父亲、丈夫特别是她儿子在运动会突出表现才免除死刑。

这种对妇女的歧视，曾引起许多有识之士的抗议。古希腊作家普鲁塔希大声疾呼："为了妇女的体格健壮，使她们和她们的孩子对自然的抵抗能力，应让她们参加各种运动。"这种正义呼声被称为异端邪说。直到1896年现代第一届奥运会，仍然沿袭这一陋习，禁止女子参加比赛。不过妇女们不断地以自身行动向这个陋习宣战。

1896年希腊举行的第一届现代奥林匹克运动会上，一位名叫梅尔波门尼的希腊女子长跑运动员正式报名参加马拉松比赛。当然她并没有获得官方的正式准许，但她却以非官方的身份独自跑完了马拉松比赛。在1904年的奥运会上，草地网球、射箭被组织者列为女子比赛项目，在1908年的伦敦奥运会上，妇女才首次被官方正式许可参加比赛，虽然水平和地位远不及异性同胞，但当时在欧洲，女子花样滑冰和赛艇运动已相当普及。

在1900年、1904年和1908年三届奥运会上，分别有11名、8名和36名女选手出现在竞技场上。据资料分析，当时被列入奥运会的女子比赛项目通常都是工业发达国家女子喜爱从事的运动。在1908年的伦敦奥运会之后，思想解放的英国奥委会在看到作为表演项目的女子体操、游泳和跳水也非常好看之后，曾满怀同情心地写了一份女子参与体育的报告。这一报告促使国际游泳联合会于1910年决定增设女子比赛。很快1912年奥运会举

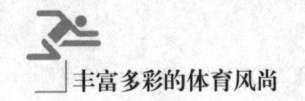

办地（瑞典的斯德哥尔摩）传出消息，组委会已决定将增设两个女子游泳和一个女子跳水项目的比赛。从此，妇女参与国际体育比赛似乎已成为一种趋势，谁也无法阻挡，无论是奥运会，还是其他体育联合会在项目设置上，都必然地要考虑到女子项目。

女子田径项目进入奥运会的斗争，在1920年和1924年奥运会上变得格外引人注目。当时的国际奥委会非常坚决地拒绝接受女子田径运动。在整个欧洲和美洲，对女子从事田径运动亦是一片激烈的反对声，因为当时的男士们坚信田径运动对"柔弱"的女士们是不适应的。还有一些人反对女子从事田径运动的理由是为了让她们保持"淑女的身段"，那就是柔软的肌肉和纤细的腰肢。然而，尽管反对声四起，田径运动却不断地走进女子的生活中，为了与国际奥委会的政策抗衡，一位名叫艾丽斯·米莉艾特的女子勇敢地成立了国际女子体育联合会（FSFT），并于1922年组织了首届"妇女奥运会"。在更名为"世界妇女运动会"之后，她们于1926年、1930年和1934年分别举行了属于她们自己的奥运会。这些比赛取得了意想不到的成功，参赛人数和观众都是一届比一届多。参加比赛的选手们来自西欧、英联邦国家和北美，从而确立了妇女在田径运动中的地位。面对世界大多数体育机构的反对，妇女们终于依靠自己的力量使一项她们认定自己可以发展的体育项目成为一种现实。经过长时间的协商，1926年国际田联向国际奥委会提交了女子比赛项目的推荐表。两年之后的1928年奥运会上，梦想终于成为现实，女子100米跑，女子800米跑，女子跳高，女子铁饼和女子400米栏成为比赛项目。虽然这比世界妇女运动会上设置的11个比赛项目要少得多，但这是一个巨大的胜利。这以后，有关奥运会女子项目设置的争议依旧继续着，一些人仍强调"让女人有一个她们自己的奥运会"更好，一些人则对此主意感到忍无可忍。到了1928年，女孩子进入奥运会已成为一股势不可挡的潮流。

1984年洛杉矶奥运会从妇女与奥运会的角度来看，是一次巨大的进步，因为在本届奥运会上，女子项目增设了不少。尽管女子项目仍少于男子，但显得比过去"公平"了许多。增设了女子马拉松，3000米和公路个人自行车项目。女子比赛项目为61个，男子比赛项目为144个，15个混合项目。但这时人们发现，女子虽然参与了奥运会，却未能在奥林匹克运动的决策上有多少地位和权利。因此更多的人开始争论如何让妇女从奥运会"内部"起作用。经过多年的努力，在100余名委员中，妇女占有7名，1995年9月，在国际奥委会的执委会上，与会者达成一致意见；到2000年，国际奥委会中妇女委员的比例将达到10%，而到2010年，这个比例将上升到20%。在1996年亚特兰大奥运会上，只有几个项目如拳击、链球、摔跤没有女子项目，其余的比赛项目均有女子项目，这充分显示了女子在现代奥运会的大赛场上，一点不比男子逊色。她们在现代奥运会的地位已经得到世人的瞩目。

鉴湖女侠

秋瑾，字璇卿，号竞雄，又署鉴湖女侠，浙江绍兴人。秋瑾不仅是清末著名的女革命家、妇女解放运动的先驱、杰出的演说家和诗人，就是在体育活动方面，其短暂的一生也闪耀着光辉。

秋瑾的时代，国家和民族正处在水深火热之中。她虽然出身于一个封建官僚家庭，但是，她从小感受时代的脉搏，耳濡目染民族的灾难，人民的不幸，在其幼小心灵里播下了争取民族解放和妇女解放的火种。早在少女时代，秋瑾深深地敬慕着诸如花木兰、秦良玉等历史上一些著名的巾帼英雄。她性格豪放，虚心好学，从精通武艺的亲友学会了拳术、剑术、登高、跳远等技艺，秋瑾骑马的本领就是到萧山外婆家向表兄学的。这一切，都为她后来从事反清革命打下了良好的基础。

丰富多彩的体育风尚

秋瑾家在绍兴城南门，环境幽静，适宜读书。但是，国家的命运使秋瑾觉得光读做诗还不够。必须是有杀敌的本领才行。她听说住在萧山的舅舅和表兄弟都在练习武艺，就请母亲带自己来到萧山舅舅家里。

舅舅听说秋瑾要学武术，吃惊地问："玉姑，你也要学武艺，为什么？""我学会武艺，将来像花木兰那样上沙场杀敌。"站在一旁的表哥十分赞成秋瑾的意见，代秋瑾向父亲说情。秋瑾的舅舅是个聪明人，他觉得国家多事之秋，学一点防身的本领也未尝不可，于是，答应了秋瑾的要求，从此，秋瑾就在舅舅家跟着表兄学习武术。

每天清晨，当天空刚泛着鱼肚白时候，秋瑾就简衣窄袖，练习武术；每天傍晚，当落日的余辉投洒在低矮的山冈时，秋瑾骑着骏马在郊外驰骋。手扭伤了，她不怕痛，坚持练拳舞剑；有多少次从马上摔了下来，她不怕苦，咬咬牙依然奋勇上马。经过短短几个月的时间，就学会骑马射箭、舞剑的本领，身体逐渐强壮起来，性格也越来越豪爽了。她卸下女儿装，经常穿着男人的衣服，腰佩宝剑，骑着骏马在萧山出没，人们看着她那奋发的英姿都不由得暗暗称赞，舅舅看了更为高兴。在萧山舅舅家学武艺的时间虽然只有几个月，但对秋瑾成长影响却相当深远。

后来为了做好武装起义的准备，秋瑾加紧训练光复军。在大通学堂，她还专门为女生开设兵操课，把女生编成一支女光复军，每日早晚，身穿男式体操军衣，怀藏勃朗宁手枪，挎着明晃晃的日本式倭刀的秋瑾，威武雄壮地骑在马上，亲自率领女光复军到城外大操场上进行军事训练。她脑后和普通男子一样，垂着一条辫子，不认识她的人误以为是男的呢。

隆冬时节，学生们在秋瑾指挥下训练，她虽没经过军官学校的训练，但指挥女兵操练，准确熟练。一会儿指挥女兵前进，一会儿命令女兵后退，一会儿卧倒，一会儿起立，口令清晰，指挥有方。她还从女兵中挑选身体健壮的进行武术训练，大通学堂的操场，俨然成了练兵场、演武场。

随着孙中山先生领导的革命运动的蓬勃发展，秋瑾的思想也发生了很大的变化。1904年夏，她东渡日本寻求救国救民的真理，结识了孙中山、陶成章、徐锡麟、黄兴等革命党人，参加了革命组织光复会、同盟会。革命斗争的实践使秋瑾懂得：推翻腐败的清朝政府，不能单凭嘴和笔，而必须用刀和枪。秋瑾回国后，与陶成章、徐锡麟一起创办了绍兴大通学堂，用以培训和造就武装干部。同时，秋瑾还在仓桥诸暨册局，创设体育会，外省报名者踵至，此女士生平最得意事也。这个绍兴体育会，乃是我国较早的体育组织。徐锡麟赴皖组织武装起义后，秋瑾肩负主持大通学堂和体育会的重任。她巧妙地与绍兴知府贵福等周旋，利用训导各县地方治安骨干的合法地位，冠冕堂皇地从上海等地购置大批军械，聘请了在日本大森体育学校以第一名的优异成绩毕业的王金发等光复会会员担任教员，组织全省各地会党骨干到绍兴培训。秋瑾一方面对师生员工晓之以革命大义，一方面以身作则，勤学苦练兵式体操等科目。当时，她的战友吟诗赞誉曰：

强权世界女英雄，尚武精神贯浙东。

博得男儿都拜倒，热心体育有谁同？

在那个封建社会中，一般妇女缠足梳头，正是峨峨高髻，纤纤莲步，唯有秋瑾身穿戎装，跃马扬鞭，驰骋在教场和大街上，实在是一桩了不起的壮举。正如宋庆龄副委员长为秋瑾故居题词所说："秋瑾工诗文，有'秋风秋雨愁煞人'名句，能跨马携枪，曾渡日本，志在革命，千秋万代传侠名。"

只因她是犹太人

距亚特兰大奥运会开幕不到两个月时，家住在美国纽约王后区牙买加居民区的一位82岁的犹太妇人玛格丽特·伯格曼，兰姆伯特，突然收到一封德国奥委会主席的来信。他在信中说，他十分荣幸地请玛格丽特在亚特

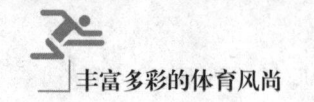

兰大奥运会上作为德国代表团的贵宾。

玛格丽特在自己的卧房中拆开了这封信，在旁边一个玻璃柜中，珍藏着她60多年前获得的许多世界级田径比赛的奖牌。其中包括1936年6月的一次比赛中得到的一枚十字奖章，当时她以1.60米的成绩获得跳高第一，这一成绩足以在不久后举行的柏林夏季奥运会上获得跳高金牌，但遗憾的是她未被允许参加这次比赛，因为她是犹太人。当时的德国正处于纯粹法西斯统治之下，玛格丽特清楚，她不会有机会参加奥林匹克运动队，也没有任何一个犹太人在1936年奥运会上为这个国家出过力。

现在，德国国家奥委会做出一系列道歉：和友好的表示作为补偿，另外她还被特许带她的丈夫布鲁诺·兰姆勃特博士与她一起同行。兰姆勃特博士曾是位大学生短跑选手，玛格丽特与兰姆勃特先生于1935年在德国相识。

尽管玛格丽特曾接到过去德国的邀请信。德国奥委会曾经致函邀请她去柏林，因为柏林将用她的名字命名一座体育馆，不过她1937年被迫离开德国时曾经发誓再也不回德国，故而未能成行。

兰姆勃特夫人过去曾以未婚时的名字玛格丽特·伯格曼出名，而她目前的名字却鲜为人知。她具有外露的幽默感且与人和善，过去她曾经常带着对德国的仇恨和愤懑的心情生活，她读这封信时回想到了过去。近来她观看了电视转播的美国亚特兰大大奖赛，这是奥运会前的一次预选赛。她说，此刻她不禁潸然泪下，她不是个爱哭的人，但是现在她无法控制，她观看这次比赛后，想到了1936年她参加的那次比赛，如果她当年能参加奥运会，她很有可能获得奥运奖牌。

玛格丽特·柏格曼1914年出生于靠近瑞士边境的劳波姆小农庄里。她说，她19岁时，希特勒掌握了政权，从此便开始遭受反犹太人主义的迫害。

她在全国和地方的运动会上参加比赛并多次获得第一。后来，德国的反犹太人主义兴起，不允许犹太人去电影院或剧院看电影和戏剧，甚至不能去公园散步。她当时曾考上了柏林大学，但是由于是犹太人而被拒之门外，无可奈何，1934年她去了英国，在那儿上学。1935年获得英国女子跳高锦标赛冠军。她父亲也去英国看了比赛，其实父亲是为了给她带来一条消息：德国奥委会要她回德国为参加奥运会做准备。她对父亲说她不想回去，但父亲说，如果不回德国，那会给家庭带来危险，就这样，第二天，她不得不与父亲一起返回德国。

其实，纳粹德国并不真想让犹太人参加奥林匹克队，不过是想掩人耳目，装装样子，让人们误以为他们不搞种族歧视，玛格丽特说，这纯属自欺欺人。她和其他犹人选手被迫在土豆田里训练。

1936年6月距奥运会开幕还有一个月时间，她被批准参加在斯图加特的阿道夫·希特勒体育场参加跳高比赛，这是最后一次重要的选拔赛。

她回忆说，她奋力跳越过了5.3英尺，平了当时的德国纪录，后来她于7月1日接到德国奥委会的一封信通知她不能加入德国队。当然，这是因为她是犹太人。这样，她便带着愤怒和遗憾移居美国，她的母亲、父亲和他的两兄弟于1939年为了躲避纳粹的迫害而逃往美国，不过她的许多其他亲属还是死在了纳粹的集中营。

现在的德国奥委会主席说，我们认为玛格丽特本应在柏林奥运会享受公正的待遇。我们现在想为她做一些事弥补当时给她带来的不幸。由于玛格丽特不愿回德国，所以，让她在美国参加德国奥运代表团是最为合适的一种方式，60年已过去了，玛格丽特现在说她不再仇恨所有德国人，尽管过去一直是这样。她现在甚至连德语也不能说得那么流利了，但是她知道许多德国人正试图弥补他们的过失。

玛格丽特终于接受了亚特兰大参加奥运会的邀请。尽管她作为德国奥委会的特邀嘉宾，却没为德国队喝彩，而为美国队呐喊助威。亚特兰大之行给她的精神带来很大安慰，圆了她60年前的奥运梦。

丰富多彩的体育风尚

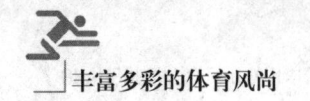

突破女性"禁区"

女性"禁区"的瓦解是现代体育的一大潮流，也是世界体育史上具有划时代意义的重大事件。女子马拉松、女子举重、女子足球、女子撑杆跳高、女子拳击……女性介入男性世袭领地，真是势不可挡，简直成了一种时髦。可以说，这是人类文明进步的标志。

现代科学的发展，使人类对女性的生理潜能有了更深的了解，而妇女以自身的勇敢尝试，又否定了过时的传统观念，争得了自己的位置。勇敢的女性不断向陈规陋习挑战，创造了一个又一个使世界震惊的业绩。

在1966年美国波士顿马拉松大会上，女运动员罗巴塔吉普，不顾大会工作人员劝阻，一鼓作气跑完马拉松全程。第二年又有亚西·瓦司依查跑完全程。由于接二连三地出现不听劝阻跑完全程运动员的出现，波士顿马拉松大会不得不于1969年承认女子马拉松比赛。1979年东京马拉松赛中，年已42岁的英国选手乔伊斯史密斯（两个孩子的妈妈）以2小时37分48秒成绩获冠军。据当年统计，能够在3小时以内跑完全程的女运动员就有38名之多。目前世界马拉松皇后"挪威克里斯蒂安森"，她的成绩是2小时24分41秒。

1979年11月10日，在波涛汹涌的英吉利海峡上空，阳光和煦，长天无云，一阵顺风将一只气球飞速地吹向欧洲大陆。一小时后，这只从英格兰东南肯特海岸飞起的气球安全地降落在离法国布伦港5公里的田野上。当成百上千的欢迎观众发现气球驾驶员是妇女时，他们首先发出阵阵惊叹，接着爆发了热烈的欢呼声。这位世界第一名乘气球飞渡英吉利海峡的妇女马上成了当地新闻人物，报纸以粗大醒目的字样印出她的名字——雷尼·桑顿。

谁说只有男子才能飞越海峡呢？

撑竿跳高号称"奥运会主旋律"，在现代体育史册上，这一复杂的项目一开始就是男人的天下。

1896年，男子撑杆跳高，第一个世界纪录是3.06米。而1982年在法国举办首次女子撑杆跳高比赛，两位女将并列冠军均是3.15米成绩。中国女选手张纯珍竟飞过3.72米高度，不仅大大超过了法国、日本、美国等先期开展此项运动的国家，而且还跃居世界先进行列。

世界男子登山运动诞生于1786年，男运动员1953年登上珠穆朗玛峰。女子登山运动诞生于1808年，女运动员于1975年登上珠穆朗玛峰。他（她）们都经历了167年，这不仅是一种巧合，而且充分说明了女子登山运动发展是很快的。第一个登上珠峰的是田部井淳子，她是日本女子登山队副队长，当年已36岁。

冰球运动已经成为女子喜爱的一种体育项目，人们把冰球称之为"当代骑士游戏"。身披盔甲的冰球手要在冰场上进行体力较量。如今瑞士、法国、德国、捷克斯洛伐克、加拿大等国相继组织起冰球队。说到底，如果女子想打冰球，那就让她们去打好了。

最令人惊讶的是，在男子世袭领地中最顽固的堡垒：拳击运动，女性也不是不敢问津了。她们也在跃跃欲试，有意攻破这一"禁区"。现今有人开了第一枪：美国克里斯汀·萨尔特，就在90年代初以职业拳手的身份亮相于拳击台上，她在拉斯维加斯泰森——布鲁诺大赛中初露锋芒，少说有110万人一睹其风采。在6局比赛中，她的出拳极为准确，多次将对方击倒在地。在那场出尽风头的比赛中，克里斯汀给观众的是一种激动人心和销魂的效果。

女子拳击也许会变得越来越受欢迎，但它在短期内还无法改变其从属地位，因为有不少人反对拳击这一野蛮运动方式。

近百年来女子突破"禁区"，在几乎所有传统的男子世袭领地上大显

丰富多彩的体育风尚

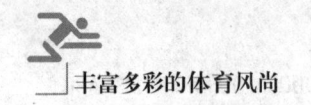

身手，其原因，一方面是女子冲破传统观念束缚，社会地位提高，她们又勇于向男子挑战的结果；另一方面也是由于科学技术文化的发展，对女子的生理特点和潜能的研究取得突破性进展。为女子突破"禁区"奠定了理论和科学基础。例如，德国的一些专家对男女长跑运动员生理学分析研究说明：人体机能在同样变化条件下女子的耐力要超过男子，有时要超过2—3倍，原因是有一种保护性酶在起作用。这种酶能够破坏人体内"废渣"——新陈代谢的副产品。法国医学专家基斯教授通过研究证实，按生理条件和体力条件来说，女子在力量型项目中是不能与男子相匹敌，但是在取决于耐久力和灵敏性的运动项目上，情况就不一样了。女径赛运动员完全可以跑出男子们的成绩来。如塔吉娅娜·扎金娜在1980年创造的1500米成绩超过了芬兰运动员帕沃·鲁米的成绩等等。

征服了世界八座高峰的"女神"

1959年，中国索南多吉登上了7456长慕土塔格山顶峰。1963年她又登上8012长的希夏邦马顶峰。然而就在1978年11月，波兰登山运动员万达·鲁克维兹，几经奋斗，登上了8122米高峰南嘎帕巴山和8611米的K2山成为世界上登上最高峰的女性。同时万达在以后的几年中，连续登上了超过8000米高度的高峰8座，令世人震晾，她成为世界登山运动的"女神"。

万达出生于1943年2月4日，她的一生交织着巨大成功和催人泪下的悲剧。高山是她精神上的家园，也是她生活中所经历的大起大落的根源。她成为登上所有14座8000米以上的高峰的第一位女性。

万达在饱受战争创伤的欧洲长大，从幼年时代起她的独立意识就随着个人损失的经历而形成了。她仍记得她年仅3岁时去为家里买食物的情形。在她5岁时，她哥哥在户外玩一东西时，没想到那竟是一个地雷，结果因此而丧命。在地雷爆炸的几分钟前，因为万达是个女孩，而被排除在这项游戏之外。

万达的学习成绩和体育成绩均很出色。1964年，她被评为波兰最佳学生运动员。同时，她开始了第一次出境旅游一身上仅带了20美元，兜里装了只琥珀项链，奔向奥地利境内的阿尔卑斯山。

1972年，万达和其他几位妇女成功地登上了7492米的诺沙克山（Noshaq，阿富汗境内）。那时世界上所有的8000米山峰都被男性登山运动员征服了，但却没有一座被女性踩在脚底。在这次远征中，万达意识到时机成熟了。1975年万达带领波兰远征队第一次登上了巴基斯坦境内的第三座嘎歇布朗山（Gashcrbrum，当时是世界上从未被人们爬过的最高山）。1978年10月16日，万达登上了她的第一座8000米高峰——珠穆朗玛峰。从南山口上到山顶，她仅用了6小时15分钟。"我当时注意力就集中在一个目标上——登上山顶。我到达了能让我解除所有烦恼的地方。"她成为第一位到达珠穆朗玛峰的波兰人。万达后来将自己从珠穆朗玛峰带下来的一块小石头赠送给了教皇。之后，她又先后登上西夏帮玛山（Xixabangma，8013米），嘎歇布朗山（8035和8068米），乔欧雨山（ChoOyu，8153米）和安娜普娜山（Annapuma，8091米）。除了这些8000米以上的山峰外，她还爬过许多很难的路线。

万达的个人生活经常与不幸相伴。她父母关系不和，1972年两人刚离婚不久，她父亲惨遭抢劫被残酷杀害。万达两度结婚——她将离婚归由于她对高山的专注的热情。在攀登艾尔布鲁斯山（Elbrus）时，一位登山队员摔倒在她身上，结果使她一条腿受了重伤。在休养期间，她也没有放弃登山。一次她竟然拄着拐棍朝K2营地进行了艰难的跋涉。

万达的风格是具有鲜明个性的——她常独自一人选择难走的路线向山顶逼去，世界上最高最危险的山峰是她经常光顾的地方。

丰富多彩的体育风尚

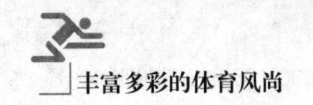

在她于1988年到美国的时候，曾有人问过她，为什么世界上最优秀的登山运动员中有那么多波兰人？她答道："我们在波兰的生活太艰难了，只有喜马拉雅山的高度才能与之相提并论。波兰的登山者在攀登的过程中获得了满足感，登山也是我们能够离开波兰的仅有的几种方法之一。"

据估计，正是万达那面对逆境时表现出来的超人的顽强导致了她的死亡。3月份，万达加入卡洛斯·卡索里奥和一个墨西哥人组成的队伍，意欲征服坎肯将嘎北脊。这是她第三次攀登此峰了，这座山是她"通往梦境的大篷车"的主要障碍。

由于暴风雪的袭击，他们第一次向山顶的进军失败了，最后只有卡洛斯和万达留下来准备做第二次尝试。5月12日晚上8点，在大约8300米处，她在一雪洞准备临时露营地。尽管她没有睡袋，仅有几粒糖果做食物，没有饮料，没有用来化雪的炉子，但她似乎很自信，很愉快，她已下定了决心，她觉得这可能是她最后一次攻坎肯将嘎山的机会了。

没有人再见到万达。我们都不会知道她是如何死去的，也不知道她是否最终登上了顶峰，了却了她的夙愿。在这次登山前她曾说过："对我来说，死于山中实在不是什么值得奇怪的事儿。毕竟我有许多朋友在那里——大山的怀抱中等着我。"

美与选美

选美活动现已在世界范围内流行。一般选美对象仅限于窈窕的妙龄女郎，先由各国或地区选出若干名佳丽，然后参加"世界性"角逐，最后评选出"环球小姐"。然而近些年不但开展选美活动范围不断扩大，而原仅限女子的活动不但扩展到男士，（男士选美开始红起来）而且还扩展到老年选美。

　　选美活动最初起源于西方国家，美国在20世纪初就兴起"选美"，而且多是经过城市小姐—州小姐—美国小姐，几次由低级到高级的竞选。同时有的地方还举办美国小姐奖学金选美系列。

　　作为香港港式娱乐的选美，是世界选美最早的地区之一。

　　香港选美史可追溯到20世纪20年代初。

　　作为殖民地，当时的香港比内地城市多一点都会色彩，虽尚不能与有东方巴黎之称的上海对抗，但已成南国和东南亚著名的销金窟。在此时期形成的"舅少团"，可谓香港最早的选美举办机构。

　　广东人习惯上茶楼。为招揽生意，茶楼设有歌坛，请歌女唱粤曲。如果一个歌女年轻可人（大约十五六岁）又唱得一手好曲，必有大批捧场客，当时称为"舅少团"。为招揽茶客，茶楼向社会招聘女招待。因为香港的殖民文化本身比较开放，故而应聘者不少；当然大多为贫家女儿。1925年，有些风流无聊的茶客，在茶楼中挑起选"茶花"活动，其条件为："年华双十，身材丰满，貌端可人。"二十世纪二三十年代在香港风行一时的女子"头牌红姑"，据说当年就是茶花出身的名妓，她的装束打扮，一时成为不少城市中女孩效仿的样板。由此可见，香港早期的选美，带有浓厚的风月色彩。后来抗战开始，香港沦陷，这种"民间选美"才销声匿迹。

　　1950年，大批上海人南下香港，带来了大上海都会文化。当时上海已有两届"上海小姐"的选美史。这批上海大亨到了香港，不甘寂寞，在当年有小上海之称的北角"丽池"夜总会，由上海籍富商李财发发起，开始了香港小姐选美。据悉首届香港小姐为上海籍的广东人司马音。

　　从此，香港小姐选美（人称港姐）开始在香港年复一年地举办。

　　只是50年代时，传媒通讯不如今日，电视尚未面世，因此选美产生的影响力和覆盖面远不及今日。选美在一般香港女孩心中，仍是可望不可即的，不像现在，随便填一张表格就可参选，而且当时社会对"选美"总有

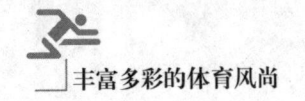

微词。

20世纪60年代，香港经济腾飞，社会变得更自由更西化。选美开始由两大电视传媒机构亚视和无线主持，并藉以发掘演艺圈新人，令选美社会化和普及化；而每次选美，都力邀知名人士和社会贤达参加评选会，令"选美"脱尽原有的风月气而进入高层水准。教育的普及令大批持有高等甚至留学资历的知识女性参加，无疑也令参选佳丽的素质大为提高。

选美毕竟是选美，外貌和三围数字仍是历届选美不变的主要标准。但对佳丽智商的要求，也被提升至一个不可忽略的高度。

选美分五项内容：一、口试：了解参赛者的简历、性格、喜好及擅长。二、拉斯维加斯式的开场表演：参赛者戴着羽毛头饰；身着带有闪光片的短衣和短裙做各种亮相。三、泳装表演：表现形体美。四、才艺表演：这项分数主要根据音乐的选择、舞蹈或其他表演的结构编排及技巧运用制定。五、晚礼服表演：这是为体现参赛者气质、风度及修养而设计的。

自世界出现选美以来，有人赞赏，有人指责，有人说："在金钱万能的世界，连妇女的容貌和体形美也不例外，照样当商品而为资本所支配"。在选美活动中，不光彩新闻也连续不断，层出不穷。就说1981年11月在美国举行的第30届环球小姐选美大会，竞选过程中发生了采用药物装扮胸部的丑闻。本已荣获第一戴上桂冠的姑娘，不久又被控告曾有行为不端的丑史——与上了年纪的男子有染，因而被剥夺冠军称号，由第二名顶替。经过一番"激烈争夺"和"折腾"方才选出1981年环球小姐。委内瑞拉19岁姑娘伊雷尼·萨埃斯艳压群芳，名列第一。

另外在香港选美之风入侵校园也为人们所关注。1996年参加亚洲小姐的陶安仁时年仅16岁，1998年参加亚洲小姐的刘恩思只有15岁。

有调查中指出，过去18届的港姐冠军级人马中，只有5位符合国际健康体重标准，其余都被评为病态美。这对女青年有误导之嫌，以为瘦才是美。

那么这种选美活动是不是不可取呢？如果剔除其中不健康的因素，从提倡形体健美和提倡外形美与内心美相结合的角度来看，这种选美活动还有其积极意义。也就是说，就选美作为一项健美娱乐活动是有利于促进社会精神文明建设的。因为选美标准，并非单纯注重容貌的娇艳而着重于身体健康、健美与否。也就是骨骼系统发育，以及身体各部分肌群发达与匀称程度，比如四肢比例，胸围、腰围和臀围比例关系，皮肤光泽和颜色等等。并且，评选世界小姐时，在某种程度上还考虑心灵美。如文化水平、道德品格、礼仪口才等。这样就使选美活动有利于推动人们向着积极锻炼，注意品德修养方面培养自己，这无疑是有利于人类社会文明的发展。

尽管选美活动一开始就受到一些人的指责，但是，选美活动还是在不断发展。这正是"青山遮不住，毕竟东流去"。

说到选美，人们便会想到那是妙龄少女的事，似乎与老年人无关。但老年选美也在悄然兴起。在美国工业城市阿尔图纳举行一次选美活动却别开生面。参赛者均是年过花甲的老妪。她们个个精神焕发，信心十足。比赛先是回答评委的提问，然后身着精心选制的服装，登台亮相，并作舞蹈等多种表演。她们优雅的气质、优美灵活的动作博得观众一阵阵掌声。经过一番角逐，康格涅莉蒂等人获胜。卡西迪名列第三，但给人留下深刻印象。她虽已寡居多年，但却豁达乐观。她爱交际、爱运动、玩滚木球，跳交谊舞，扮演圣诞老人，桩桩是能手。她又是自主性很强的老人，做饭购物，事事自己做。这次比赛她自编的草裙舞别具特色，赢得观众的热烈喝彩。人们祝愿老人们个个都像卡西迪那样乐观健康、长寿！

丰富多彩的体育风尚

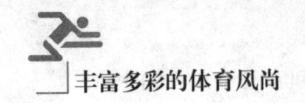

为何这里是妈妈们天下

20世纪80年代以来，世界田坛出现了一个令人感兴趣的现象：女子径赛项目从100米跑到马拉松的世界纪录或世界最好成绩，除两三项外，几乎全掌握在妈妈选手的手中。

女子100米世界纪录保持者、被誉为"黑色闪电"的美国短跑家阿什福德当了妈妈，并因此在国际体坛销声匿迹了两年。1986年4月底，她突然在一次大型的国际田径比赛中亮相，并取得了胜利。她的100米成绩为11秒11。可年近30的阿什福德本人并不满意，她要突破11秒大关，恢复到原来的水平上去。这位100米世界纪录保持者越跑越快，跑出了世界最佳成绩10秒88。"百米世界第一"的地位受到年轻选手的严重挑战，但她还是战胜了德国的德雷克斯勒，摘取了年度第一的桂冠。

挪威的女子长跑运动员克里斯蒂安森已有10多年的运动生涯。很长时间里，她成绩一般，名气不大。4年前她生了一个男孩以后，一跃而成为世界上屈指可数的体育大明星，实现了她运动生涯中的重大突破。在分娩几个月后，克里斯蒂安森以2小时27分51秒的成绩夺得了女子马拉松冠军。在斯图加特举行欧洲田径锦标赛上，她又获得了女子万米长跑的第一名，此后，她一鼓作气完成了有史以来同时保持5000米、1万米及马拉松三项世界纪录的辉煌成绩。

在洛杉矶奥运会上大出风头的美国运动员胡克斯原来名气并不大，当了妈妈后，反而锐不可当，拿到3枚奥运会金牌。在这之前，她因生孩子离开田径赛场近4年。

著名的苏联中长跑名将卡赞金娜已经36岁，也是在生完孩子后成绩更加突飞猛进。她至今还保持着女子1500米和3000米的世界最好成绩……。

妈妈运动员产后复出并取得巨大成绩的事实，动摇了过去关于女运动员寿命极限的传统理论。1988年母亲节前夕，美国运动员玛丽·德克尔·斯莱尼又出现在田径赛场上，这是自1986年5月31日她的女儿诞生以来首次亮相，并一举在1500米比赛中获得冠军。

29岁的斯莱尼保持着1英里的世界纪录和800米至10000米各项美国国家纪录。与其他女运动员相比，斯莱尼的出场更具有特殊意义，因为她加入了那些成为母亲后重返世界级竞赛场的女运动员行列。这些母亲们包括田径明星阿什福德、克里斯蒂安森、卡赞金娜、布里斯科，高尔夫名将南希·劳皮茨，速滑运动员卡尼和跳水运动员麦考密克等，她们都是在分娩后继续保持甚至超过原比赛成绩的女运动健将。

德克尔·斯来尼在怀孕期间一直坚持训练。诚然，怀孕和分娩有时会影响到女运动员的成绩，但翻阅一下过去的有关纪录不难发现相当数量优秀女选手所取得的最好成绩往往是在她们分娩之后。1948年，已经有两个孩子的荷兰运动员凡尼·布兰克斯·考恩夺得伦敦奥运会所有女子赛跑项目（100米、200米、80米跨栏、4×100米接力）的金牌。1976年蒙特利尔奥运会女子1500米冠军。苏联运动员卡赞金娜在1980年莫斯科奥运会上卫冕成功，此时她的第一个孩子已满两周岁。1982年她生了第二个孩子，然而1984年又创造了2000米和3000米跑的世界纪录，令世人瞠目。

早期的研究认为，妇女怀孕后继续训练会引起胎儿的缺氧及供血不足，但这种观点已被近期的研究成果推翻。美国佛蒙特大学妇产科专家詹姆斯·克莱布和他的同事对35名在孕期进行不同程度训练的孕妇进行观察。发现那些喜欢运动的孕妇所生婴儿体格虽然略小，但却十分健康。克莱布还发现怀孕改善了孕妇的心血管和新陈代谢的功能，她们的心跳速度加快，供血量一般增加40%，散发体内热量的有效率也比正常妇女高出33%；由于怀孕期间她们要承受约25磅重的额外负担，因而腿部也更为强壮有力。

丰富多彩的体育风尚

　　从理论上说，找出妊娠是如何影响那些世界级运动员的比赛成绩并非难事，只需对她们妊娠前后的身体状况进行测试和对比就可得出结论。但时至今日，除东欧国家的运动员外，只有美国女子铁人三项全能冠军莱兹·爱普利基特一人接受了这样的实验。莱兹怀孕期间从未间断训练，而且分娩两天后就又出现在跑道上。戴维斯大学运动生理学家霍利定期为她检查身体。不久霍利就发现莱兹的身体在产后5个半月内就完全恢复到怀孕前的健康状况，在产后7个月时，霍利又惊异地发现莱兹吸氧量的数值上升了5%，这是运动员的高竞技状态下才会出现的情况。当然，这个结果并不能肯定是由于妊娠所致，因为这仅仅是一个实验者的数据。

　　由于缺少足够的生理数据，研究人员转而用心理学来解释这种现象。很多妇女通过分娩发现了她们自身所具有的巨大力量。洛杉矶奥运会马拉松赛冠军塞缪尔森说："与分娩相比，2小时20分钟的马松就像是一道甜点。"她分娩用了近48小时。斯莱尼也说："我从来未想到过分娩是如此的痛苦，我正是经历了这一关后，才能使自己的训练更加刻苦，我才相信女人也能在4分钟内跑完1英里的赛程。"孩子们的出现也改变了女运动员的训练生活。她们常常和孩子们一起从事室外活动，并学会更有效地利用训练时间。挪威女将克里斯蒂安森在分娩后8个月就创造了女子5000米世界纪录，此后从1986年8月起，她一直占据着女子5000米、10000米和马拉松冠军的宝座。她说："我现在意识到还有一些其他的事要比夺冠军更有趣，丰富多彩的生活帮助我在赛场上取得更好的成绩。"洛杉矶奥运会200米、400米和4×100米接力的金牌获得者布里斯科说："孩子使我成为一名更强壮、更优秀的赛跑者。"

　　妊娠究竟对女运动员的成绩起着什么的作用，至今仍还在研究探索中，自然也就不能把那些女运动健将们的非凡成就完全归功于它。但至少人们可以意识到：分娩早已不再是女运动员结束运动生涯或停步不前的标志了。不少世界运动女将在汉城奥运会前夕怀孕，借以增强体质获取好成绩。虽迄今尚未见更进一步的详细报道，其中也可能不无道理。

妈妈运动员产后复出并取得巨大成绩的事实，动摇了过去关于女运动员寿命极限的传统理论。高水平的运动员从来就不同于一般女人，过去生孩子对她们说几乎是不允许的。而现在已不是这样。体育职业化带来的意想不到结果是职业化的生涯延长了。在参加1999年女足赛的美国队中，一手抱孩子，一手抱球来参加训练的女运动员就有6—8人。

过去医生们总是建议女运动员要在分娩后6星期后再参加运动。可是许多运动员并未这样办。巴塞罗那奥运会200米跑金牌获得者，美国运动员格温·托伦斯承认："生孩子出院两天后，我就呆不住了，于是，我就把孩子交给我母亲，出去跑了一圈，第二天，我跑得更远了。"1992奥运冠军纳塔利纳、卢皮诺在怀孕4个月后自己才发现。在此以前，她每天照样训练柔道。

1999年10月的一天，一位妇女一边推着一辆三轮车（婴儿车）一边在沿着泰晤士河的堤岸慢跑着，乍一看人们会很容易认为她是一名普通妇女。然而跑到近前，人们才发现她就是曾经两次摘取欧洲冠军的著名运动员——奥沙利文。她现在正在进行轻松的例行训练。

奥沙利文在怀孕期间坚持9个月时间慢跑训练，她在分娩前一天还进行了75分钟脚踏车训练。奥沙利文说："我在一个星期六凌晨两点分娩，而10点钟就出去走步，第17天后开始了正式训练。"在10月10日英国"大北方赛跑"比赛中，她以1小时10分5秒跑完13英里，她比以往成绩提高了1分45秒。

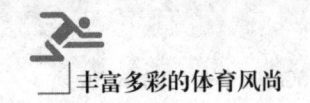

美哉，女子足球！

1962年3月8日中国体育报以吴均署名发表一篇文章，题目是《奇哉，女子足球！》文章写道：

"在金钱万能的资本主义社会里，人的尊严被可耻地亵渎了。运动员自然也不例外，他们不仅是资本家们手里的'赌具'，连他们本身也是可以交换的商品……"

"穿着紧身运动衣的妇女，在场上拼命奔跑，有的抢球摔成一团，有的在鲁莽的冲撞中跌倒，在激烈的比赛中，被体育老板驱使的妇女'足球队员们'出尽洋相，狼狈不堪。比赛越激烈越残酷，就越满足看客们追求强烈刺激的欲望，看台上不断爆发出刺耳的怪叫和浪笑。美国资本家却靠了这种比赛，生意空前兴隆，捞到大批金钱。"

这篇文章所阐述的思想具有代表性。在中国20世纪60年代初期，人们听到外国举行女子足球赛就付之一笑。甚至把它当做资产阶级文化来非议。但是在70年代末，我国改革开放的大好形势，促进了我国体育观念的改变。最早在广州市荔湾区举办女足邀请赛，报名参加的有11个队。与此同时，西安市也举办四单位女足邀请赛。虽然当时仍然有少数人对女子足球持怀疑态度，但女子足球运动的发展是势不可挡的。直到20世纪80年代，我国已有十几支省级以上女足代表队，而且组建起国家女子足球队，并且在重大国际比赛中取得好的成绩：在瑞典举行的第2届世界女子足球锦标赛上，中国队连克强敌，跻身世界四强；在1996年亚特兰大奥运会上夺得亚军；在1998年13届曼谷亚运会上夺得冠军，1999年在美国征战女足世锦赛的中国姑娘，和冠军只有咫尺之遥，屈居亚军。金球、金靴皆属中国孙雯。至此，我国女子足球，迈着矫健的步伐步入世界竞技舞台。

我国女子足球古已有之。唐代诗人王建曾写过一首描写宫女踢球的诗："宿妆残粉未明天，总在昭阳花树边。寒食内人长白打，库中先散与金钱。""白打"就是不设球门由多人对踢的足球运动。诗人王誉昌也说过："宫眷喜蹴鞠之戏，田贵妃风度优雅，众莫能及。"从诗中不但可以看出我国古代不但有女子足球，而且对女子足球活动持赞美态度。赞美女子踢足球风度之优雅。

现代足球已成为世界第一运动，据足联统计，世界上踢足球的人有2亿，喜爱看足球的以10亿为单位。世界杯足球赛电视观众有300多亿，一项体育运动，达到如此规模在人类历史上是堪称空前。足球需要女人，女人也需要足球。目前，足球已成为一项男女老少都喜欢的运动。女性球迷发现足球不仅对男人来说是一个情感的宣泄孔，对女性来说也是如此，在场上大声宣泄被压抑的情感，胜过任何一剂良药。

足球，不论男女，让人们在世俗的世风之中，可以蔑视权势、血统、关系、后门以及种种小聪明、小动作，而只凭借自己实力，在绿茵场上抖出威风，即可如国家元首、电影明星、科学巨匠一样，令整个地球知晓。足球里面蕴藏着不分种族、不分血统、不分信仰、不分富贱、不分区域的平等、自由与公开。你只要能把这只圆圆的足球踢得出色，你就能令地球在你脚下震撼！足球运动排山倒海的豪迈气派，才体现出人类理想的崇高。如果说足球确实是神奇的运动，它蕴含着无穷的秘密，它其中之一的秘密就是来自足够的能量和潜力，激发不仅仅是球员而是众多的观众的爱国热情和民族自信力。罗伯特·巴乔曾经说："足球当今已经成为国家大事！"作为国家大事，自然妇女"半边天"不能置之不理。

不管男人怎么想，女性球迷已在足坛形成一股势力。大批女性观众潮水般涌进体育场。女性球迷涉足体育场后足球流氓甚至也有所收敛，打架事件也大为减少。

其实，被誉为"世界第一运动"的足球运动，不仅对人体各方面的机能有着良好的和直接的锻炼效果，而且其中也充满着美的因素。作为客观物质化了的人的活动，足球运动除了能反映出对称、均衡、比例、对比、协调、曲线、节奏等一般形式美外，还有其独特的美的因素。与其他运动项目相比，它要求更高的身体素质，包括速度、力量、耐力、灵敏、柔韧等等。人体在踢球运动中可以表现出强大的生命力美；身体进行快速运动的能力，在空间形式上表现出速度美；有机体长时间活动与疲劳作斗争的能力，还表现出了人对自身有限性超越的耐力美；人体在突然起动中所表现的灵敏，常给观众带来惊奇、赞叹或虽已料到，又感意外的愉悦情绪和美感。至于女性在足球运动中所体现出的健康美和勇敢、顽强、拼搏精神，更是给人以美感。

美哉，女子足球！

非洲女王只身万里行

这是一次不平凡的徒步旅行：从非洲南端的开普敦到摩洛哥的港口城市丹吉尔，途经14个国家，步行16181公里，跨越了整个非洲大陆。创造世界女子只身徒步旅行纪录。

菲奥娜·坎贝尔也绝非一个普通的步行者。10年前，16岁的她首先徒步横穿英国。1985年至1986年，她用151天时间从纽约走到洛杉矶。1988年，她用95天步行5300公里横穿澳大利亚。她的《泥腿》一书记载了她的澳洲之行。她说还要再写部书记载她的非洲历险。横穿非洲是坎贝尔步行周游世界的第4阶段。

这是一个闷热的早晨，在摩洛哥首都拉巴特通往丹吉尔的公路上，见到有位非凡的女人。她健美而匀称的体型和阳光亲吻下的肌肤都勃发出青春的魅力。她已经走了两个半钟头，现在仍然保持着原来的速度——1小时8公里。1小时8公里，这速度听起来没有什么了不起，然而要在35℃以上的高温下这样一天走50公里，却不是一件轻而易举的事。

别人刚走45分钟，就累得气喘吁吁、大汗淋漓了。而菲奥娜尽管肢体有伤，还依旧健步如飞，微微泛红的脸上看不出一点儿疲惫。她脚踝上的饰环，有节奏地叮当作响，给这漫漫孤旅平添了不少情趣。

这位祖籍英格兰、现生活在南非的姑娘正一步一步接近丹吉尔，同时，距离她被正式载入《吉尼斯大全》的日子也越来越近了。这成就来之不易，像她说的那样，不仅因为她为之付出的巨大的体力劳动，而是她在心理上、精神上乃至情感上所忍受的种种煎熬。她的精力非常旺盛，使你不由自主地被感染、被激励。似乎没有什么事情会让她沮丧。当遇到她时，她脸上青一块紫一块的，两个深深的黑眼窝，腮边几道伤痕——这是三天前歹徒对她施暴未遂留下的。

那天，一天的旅途即将结束，11个"保镖"之一的彼得开着"路华"牌越野车在前面寻找宿营地。这时，一个年轻力壮的家伙把她推倒在地，拖入灌木丛中，接着对她拳打脚踢，试图强奸她。她忍住伤痛，拼命把他推到一边，然后跑到公路上拦车，6辆车过去之后，才有一辆车把她带到安全地带。

虽然身上是累累伤痕，但她到底还是侥幸逃了一劫。"这一路上，到处都遇到麻烦。在我前些日子穿越尼日尔边境的时候，半夜醒来，突然发现一个陌生的男人站在我的床边，他可能是从窗口跳进来的。我大吃一惊，拼命尖叫。可是，一点儿都没用。惊惶之余，我明白我只能自己救自己，没有人可以帮我，情急之下，我抓起一筒除臭剂，使劲喷了他一头一脸，他好像个落水狗似的悻悻而去。"

在她整个非洲之旅中，这两次的遭遇还显得微不足道。最艰苦的一段日子是在扎伊尔境内。那是1991年9月，由于扎伊尔国内政局混乱，法国外籍军团将她空运出境。她后来又回去了，带着她当时的男朋友——野外生存训练教练瑞蒙德·米尔斯。他们推着一辆装满了水和食物的小车,一天走50公里,后来竟碰到了她以前的那辆越野车;他们奇迹般地又回到了扔掉她的地方。

接下来的几个月是噩梦一般,走到哪里,她都受到满怀敌意的当地人的攻击。他们向她扔石头,恣意侮辱她,打她。她和米尔斯又得了痢疾,真是雪上加霜。"我们都不习惯去没有挡板的公共厕所。但是,在一个落后的小村庄得了痢疾,你唯一能做的是接受现实——因为你别无选择。""我们在热带雨林里困了整整7个月,那段日子,实在苦不堪言,从早到晚,头发就没有干过,衣服也在发霉,身上又处处长疮,难以愈合。"

"看,"她指着身上说,"这些圆锥形的脓包,都是热带炎热的气候造成的溃疡。你光看外表干了,以为已经好了,其实不然,里面还是烂的。""当地人既仇视又害怕我们,把我们当作贩卖奴隶的人贩子,专吃妇女、儿童的野人。当大大小小的石头落在身上,你唯一的办法是保持原来的速度继续前进,一切都是注定了的,不要抱怨,不要消沉。"

是的,菲奥娜从来没想过放弃。当她到达尼日尔时,发现无路可走了——所有的边境线都被战火封锁了。唯一的选择是等待战火的平息,所以,她只好跟米尔斯回英格兰了。

然而,回到文明世界中后,却已是物是人非,他们分手了。

"为什么?我也说不清,只觉得再待在一起,就老是不自主地回忆起我们在扎伊尔的种种遭遇;心理压力太大了。不过他将永远是我的好朋友。"

更倒霉的是,她的赞助费也花了个一干二净。"赞助人只拨了我一部分钱,岂料中间有这么多曲折,再加上两次痢疾,钱也就都赔进去了。后来又赶上经济不景气,在英格兰等了半年,没有一个肯来赞助我。"

"后来有一天晚上,跟一个朋友去酒吧喝酒,同去的还有他以前的一个老板——莎宝娜公司的董事德特玛·哈克曼先生。他一口答应帮助我。

现在，我又信心百倍地披挂上阵了——这真令人难以置信。"

她本来计划回到尼日尔之后，乔装打扮成当地人混出境，后来落空了，最后她硬是绕了4000公里的弯路才到了摩洛哥。

我说多走这么长的路太不值得，也没有必要，因为《吉尼斯大全》允许人们避开政治因素造成的困难。

她点点头："我知道，可我不想留下任何缺憾。我要从开普敦一点儿不少地走完全程。我这个人很少花费时间和精力去思考问题，但我却常常反问自己这次步行的意义何在。当我在英格兰焦急地等着重返非洲时，这意义变得越来越明晰。当我在布里克斯顿等着别人'施舍'时，碰到了以前采访过我的一个自由撰稿记者。她见了我大吃一惊：'我绝没想到会在这儿见到你，太让我震惊了！看来我也得继续玩命地干！'"

"这时我才突然意识到，以往做事总有一个明确目标的我，现在却失去了自己的目标。当你不知道何去何从的时候，你会感到世界是如此空旷、广漠而令人迷茫。"

当人们坐在宜人的绿荫下，品尝着咖啡与西瓜。越野车停在不远处，车篷下支着三个吱吱嘎嘎的躺椅，菲奥娜环顾了一圈道："这就是家！"

"这是一次折磨人的探险。你一般只要几个月的苦就足够了，这一次却整整持续了两年时间。所以我必须好好地安排生活。我们每天停下来吃早饭、午饭，晚上露营。这就是家，我从中汲取养料。"

"我总是边走边胡思乱想，想想服装类的东西。我现在没有多少衣服，可回到英格兰真用得上。我需要一件外套，什么样式的呢……我常常一想就是好几个钟头。"

最后，另一个原因也促使她走下去——与父母重逢。她的父亲是皇家海军军官，对她的生活起举足轻重的影响。从小到大，她搬过22次家，转了15次学。当她从悉尼走了5000公里到达珀斯时，她已经走出了对父亲的怨恨。

丰富多彩的体育风尚

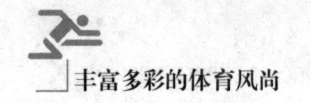

敢于向死亡挑战的女飞人

1999年春季在美国举行的一次室内田径赛上,奥运会金牌得主,美国著名的短跑女将盖尔·德弗斯再次力克群雄登上冠军宝座。望着这位身材矫健、两眼闪着泪花的女飞人,人们怎么能想到她竟是一位战胜病魔和死亡的人呢?

德弗斯今年26岁,在美国洛杉矶大学学习。她短跑成绩突出,并有幸接受美国著名短跑教练鲍勃·克西的指教。在他的训练下,德弗斯的100米跨栏成绩和100米成绩都达到世界级水平。而在世界上同时身兼这两个项目的运动员,在田径运动史上实属罕见。

1988年,德弗斯在全美大学生田径赛上获100米栏冠军,在奥运会选拔赛上她又以优异成绩入选国家队。

然而在汉城奥运会期间,德弗斯突然身体不适,虽然奋力拼搏,仍名落孙山。

回国后不久,德弗斯的病情加重,她头疼恶心、记忆力减退,体重从60公斤骤减到40公斤,许多医生都会诊不出她患的什么病,直到1990年才被确诊为格雷斯夫氏症而且已经开始癌变。德弗斯只得接受化疗和放射性治疗。治疗中出现各种副作用,把她摧残得死去活来。头发大把大把脱落,左眼几乎失明。左脚开始出血并出现肿胀。一些医生担心不得不进行截肢。痛苦的治疗持续近一年,这使德弗斯几乎想从此放弃体育运动。但是,在教练鲍勃·克西多次鼓励下,她没有向厄运低头,并暗下决心,只要能活下来,就一定重返田坛赛场。

1991年初,德弗斯病情开始好转,刚一见好她就开始恢复训练。然而因放射性治疗烧伤而肿胀的双腿继续给她造成很大痛苦。

她开始忍痛咬牙，像小孩一样重新学走，学跑……每次训练后一脱下袜子就会看到脚在出血，德弗斯不得不流着热泪再次休息。

1991年5月，病愈后的德弗斯竟再次出现在跑道上，令人吃惊的是，她的100米跨栏跑成绩竟达到13秒28。接着在莫比尔室内田径赛上她又获100米栏冠军。同年9月她在东京田径赛上获得这个项目银牌，11天后又创下12秒48的全美纪录。

人们都用十分惊异的目光注视着这位重病人她是怎样创造奇迹的？尽管德弗斯在恢复健康方面创下奇迹，但她毕竟是重病号，她的身体仍有许多毛病，她的双眼和皮肤对光和热非常敏感，左眼还偶尔看不清。她必须每天吃药每两个月要检查一次身体。但所有这些都不能阻挡她继续创造奇迹。1992年巴塞罗那奥运会100米决赛中，德弗斯以风驰电掣般速度，夺得100米金牌，成为世界新的"女飞人"。几天后，女子100米栏决赛，她的精神状态极佳，一路领先，但在最后一个栏，由于左眼视力不佳，因抬腿过早，碰倒了栏架痛失奖牌。但她毫无懊丧之色，并为获得奖牌每位运动员一一表示祝贺，表现了胜不骄败不气馁的大将风度，受到广大观众和运动员的高度赞扬。

德弗斯顽强奋斗的精神，特别是她那无畏艰险敢于向疾病和死亡挑战的无畏精神，鼓舞了各国运动员，她写下了运动家高尚情操和运动风采故事，这是竞技运动史上光辉的一页。

为了表彰她与病魔抗争和勇于重返竞技场的可贵精神，美国奥林匹克委员会授予她"奥林匹克精神奖"，这是美国首次颁发这种奖项。德弗斯的精神和事迹将永载体育史册。

丰富多彩的体育风尚

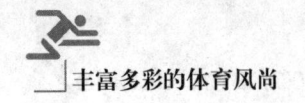

世界最伟大的女运动员

在一个华盛顿小学周会上，有人问这些学生："谁是第一个在30岁赢得两次奥运会7项金牌的人？"200多名学生异口同声地回答："杰基！"看来，杰基·乔伊娜在美国是十分著名的，几乎家喻户晓。

1986年，美国优秀田径运动员杰基·乔伊娜在26天中两次打破女子七项全能的世界纪录，被誉为当今世界最伟大的女运动员。

杰基·乔伊娜出生在美国东部的圣路易斯。儿童时家庭贫困。但她从小喜欢田径、排球、足球、篮球等多项运动。到了青年时期，她的身体长得很健壮、弹跳力和爆发力好。在大学她开始成了篮球运动员，而且成了美国大学生联赛中出色的球员。但是，她在田径场上的表现更是优异。

1986年8月，在美国奥林匹克节上，她以7161分成绩一举刷新了7月在莫斯科友好运动会上创造的7148分世界纪录。一下提高了13分而引起轰动。赛后乔伊娜高兴地对记者说：她可以成为世界上最优秀的田径运动员了。果然不出所料，世界上许多报刊、电台都评她为1986年最优秀的田径运动员。

女子全能（7项）运动员要在两天之内完成200米跑、100米跨栏、跳高、铅球、跳远、标枪、800米跑7项比赛，其运动量之大，比赛之激烈，使许多运动员望而生畏。而杰基却知难而进，志愿报名参加全能训练，开始参加5项全能训练。

尽管杰基·乔伊娜显示出惊人的运动天才，但她的妈妈并不希望她成为职业运动员，不愿意她像男孩子那样每天总是跑和跳。乔伊娜就耐心地劝导妈妈，告诉她自己要在田径场上遇到许多人，学到许多知识和本领，还说哥哥艾伦不也是全国跳远冠军吗。妈妈经不住女儿屡屡劝说，终于同意了她的要求，并说："如果你认为运动是你的需要，会使你愉快，那你就去干吧，把它干好。"妈妈的话，是对女儿的最大支持。她刻苦训练，两年后便成为全国5项全能冠军。1976年，当她从电视上看到蒙特利尔奥运会实况时对妈妈说：也许有一天，我也会出现在屏幕上。

1980年，她被选入奥运会的代表队，但由于美国当时抵制了莫斯科举行的这届奥运会，乔伊娜失去了夺魁的机会。然而，她仍然刻苦训练，并考进洛杉矶加州大学。

杰基在上大学一年级时，母亲去世了，她十分悲痛，第一个安慰和鼓励她的是田径教练鲍勃·克西，以后他们成了好朋友，克西理解她的心情，对乔伊娜关怀备至，因为他也是年轻时失去母亲。第二年，他们举行了婚礼，鲍勃·克西当时32岁，是洛杉矶加州大学女子田径教练。他对运动员要求严格，在训练方法上有独到之处。他对乔伊娜说：在田径场上你是运动员我是教练，对你只能要求得更严格。乔伊娜理解丈夫的心情，深知只有严格要求才能创造更好的成绩。当她打破世界纪录后，鲍勃·克西谈到乔伊娜成功原因时说，首先她是一位出众的运动员，第二她从不固执，不骄傲自大，第三对自己充满信心。

现今，乔伊娜在她故乡成立了乔伊娜、克西奖学金基金会，现今筹划了1万美元经费，为当地年轻人提供奖学金。克西说："她关心人，关心全人类，她也关心孩子们，她可以拥有许多汽车和戒指，但是这并不能改变杰基，她为当地的小孩做了许多事，许多社区领袖都说有着重大的影响。"

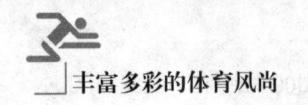

世界网坛"六仙女"

当今世界女子网坛群星灿烂除了众所周知的辛吉斯外，还有几位优秀选手成为名副其实的"六仙女"。

奇女辛吉斯

世界网球界专家有个忠告：如果你能打出多种技术变化，但击球力量欠佳，那么就像辛吉斯学习吧。著名的美国《网球杂志》用五个词概括辛吉斯：自信、固执、独立、聪慧、好学。

辛吉斯的名字叫玛蒂娜，1980年9月30日出生在原捷克斯洛伐克的科赛斯市。她的母亲麦尼拉·左格是捷克斯洛伐克的著名网球运动员，后来随第二个丈夫移居瑞士。左格非常崇拜原捷克斯洛伐克的著名女子网球运动员玛蒂娜·纳鞭拉蒂洛娃，就给女儿也起名叫"玛蒂娜"。辛吉斯从小就表现出运动天赋。她3岁时就开始滑雪和打网球，5岁开始参加比赛。1993年，13岁的辛吉斯在法国公开赛少年组比赛中，力克群芳获得女单冠军，打破了美国人卡普里亚蒂创造的纪录，成为世界上最年轻的女单冠军。翌年她进入职业网坛，排名世界第87位。后来，她的排名上升至16位。下一年，她的排名又往上蹿了12位。

"我对自己的出色表现也感到十分惊讶。"辛吉斯说，"但这并没有改变我的生活。"自从她在澳大利亚公开赛上获得冠军后，她成为20世纪最年轻的世界网坛种子选手。此后，温布尔顿公开赛、美国公开赛的桂冠一一落入她的囊中，她只是在法国公开赛中取得亚军。辛吉斯已经变成名副其实的网球女王。

除了网球之外，辛吉斯还喜欢滑雪和赛马，她自己也养了两匹马。她最喜欢的颜色是黑色。心理学家认为，喜欢黑色的人意志坚定，自信心强，沉着稳定。这些特征你能从辛吉斯的身上得到印证。

天生丽质的库尔尼科娃

温布尔顿网球公开赛上，来自俄罗斯的库尔尼科娃令人耳目一新。这位梳着大辫子的少女不仅面目清秀，而且球技高超。她先后淘汰了美国的鲁宾、德国的胡贝尔和克罗地亚的马尤丽，一路杀入半决赛。库尔尼科娃虽然出生在莫斯科，但球技是去美国培养的。她长期住在美国，是曾经培养出阿加西、科里尔等高手的尼克网球学校的又一位高徒。

库尔尼科娃1981年6月出生，进入世界职业网坛后，她的排名已经从第43位升至第25位，被美国《网球杂志》评为当月上升最快的选手。她15岁时，获得过《网球杂志》最佳新人奖，她至今只参加过11场比赛。

库尔尼科娃天生丽质，就像时装模特。她一出现就受到德国阿迪达斯公司的"特别照顾"。阿迪达斯公司担负起了包装库尔尼科娃的职责，使之成为本公司对付耐克、锐步同行的有力武器。其实，库尔尼科娃除了是一位出色的选手外，又是一位网球追星族。在美国举行的一次比赛中，由于下雨比赛中断，她就举着一把伞到处请名人在伞上签字，反而弄得别人不好意思起来。

黑人之星威廉姆斯

自从美国"天才之星"卡普里亚蒂陨落之后，美国人对少年球星的希望破灭了。可是上帝偏偏爱和美国人开玩笑，1995年，国际网联决定，参加职业比赛的最小球员必须年满16岁，但他们接受的最后两位14岁球手，一位是瑞士的辛吉斯，另一位就是美国的维努斯·威廉姆斯。

威廉姆斯出生在美国一个著名的运动员之家，她有5个姐妹。父母一心想培养5个女儿都成为网球明星，但只有最小的维努斯和塞雷纳最有天赋。威廉姆斯一家原来住在加利福尼亚州，为了女儿学习网球，举家迁到佛罗里达，来到曾让卡普里亚蒂名扬天下的著名经纪人里克·马奇的麾下，著名女选手施莱弗担任她的教练。威廉姆斯8岁时，父亲差点让她停止打网球，改练田径。父母认为，网球运动员的生活都不正常，"要是她能活50岁的话，有25年会有不正常的生活，但也许她能得到一些什么"。抱着犹豫不决的态度，父亲让女儿继续打网球。有了卡普里亚蒂的经验，父母没有急于让女儿过早地参加职业比赛，担心过早地参加比赛会毁了女儿对学习的热情。

1994年，威廉姆斯在第一场职业比赛中就击败了排名第59位的美国人斯塔福德，后来在决赛中败在桑切斯手下。她击败的第一位排名前10的种子选手是克罗地亚的马尤丽。至今，她还是有限度地参加比赛。9月的美国公开赛上，威廉姆斯作为"外卡"参加比赛，结果一发而不可收。一路杀进决赛，成为美国近20年来第一位进入美国公开赛决赛的黑人选手。

鲁奇克

鲁奇克今年只有15岁，根据国际网联的规定，鲁奇克不能参加职业比赛，因为法国公开赛和温布尔顿公开赛都拒绝其参赛，只有美国公开赛对她大开绿灯。尽管鲁奇克在八分之一比赛中被诺沃特纳淘汰，但仍引来一片赞许声。美国BBC网球评论员约翰·巴莱特惊呼："她几乎没有弱点！"捷克球星诺沃特纳形容鲁奇克的打法是"最现代的"，"她的击球非常有力，而且全都打在底线上"。鲁奇克的教练是曾3次获得温布尔顿冠军的美国球星约翰·纽康博，他认为："世界女子网球要进入一个崭新的阶段，所有参加比赛的女选手都要像男选手那样追求球的力量。"

对鲁奇克的出现，连辛吉斯都感到惊讶："她看上去不像是15岁，而像19、20岁的大姑娘。"鲁奇克首次出席记者招待会，记者问："你能否获得这次比赛的胜利？"她回答说："你的问题很奇怪。"这位系着蓝白色丝带的少女已经把夺冠看成是一件非常简单的事情了。

当人们津津乐道这些网坛"仙女"的时候，专家却警告说，她们的心理和生理是"被迫早熟"。虽然小小年纪就名利双收，但从长远来说前途堪忧。在瑞士奇女辛吉斯迷人微笑的背后潜藏着可怕危机。美国运动学家亨德尔在对其进行了全面生理测试后宣布："目前辛吉斯的力量和耐力均已达到顶峰，这意味着她的运动生涯将会提前结束，甚至到24岁时就可能面临中年危机。"

塞雷斯

塞雷斯1973年12月2日出生于南斯拉夫诺维萨德市的一个体育世家。父亲是世界级三级跳远选手同时又是一位体育导师。塞雷斯6岁开始打网球。9岁时在全国少年网球锦标赛上夺冠。1985年塞雷斯在美国参加比赛，被美国著名教练波利蒂看中，他邀她进私人网球学校深造并提供奖学金和路费。波利蒂用先进科技指导训练，培养20世纪两大球星：男网阿加西和女网塞雷斯。塞雷斯在严格训练下，为她攀登世界高峰打下雄厚基础。1987年塞雷斯开始参加网球赛（职业），1990年，塞雷斯成为法国网球赛最年轻冠军。人们称她为女神童。她使用一副最大号网球拍，双手握拍力大无比。1991年，17岁的塞雷斯她垄断了三项大满贯锦标。国际网联公布排名表，她名列榜首。

格拉芙

史特菲·格拉芙，德国世界著名职业网球高手，自幼系统进行网球训练，19岁，身高1.73米，开始名声大振。1987年取得辉煌战绩，击败"女金刚"纳芙拉蒂诺娃（此人在网坛霸主地位多年）而登上世界第一宝座。1999年格拉芙又获世界大赛冠军。网坛金童玉女阿加西、格拉芙自公开恋情后备受人们关注。这对恋人宣称2000年6月两人结为连理。

美女变狂汉缘何在

长期的激素轰炸使女铅球运动员成为冠军，同时也变成了一个狂男，这是一起兴奋剂罪恶案。

丰富多彩的体育风尚

他一副标准的男人形象，并且是一个大受女人们青睐的小伙，身高1.87米，体重约90公斤，但女性的接近很快就使这个巨人手足无措："在酒馆和迪斯科舞厅常有女人同我搭讪，这令我每次都精疲力竭"，32岁的安德烈亚斯说。无论他多么渴望帮助，他还是得学习适应这不习惯的角色。

安德烈亚斯是一个变性人，他从前叫海蒂，在一段时间内曾是德国体育的一块招牌。1986年21岁时，海蒂克里格尔在斯图加特成为欧洲铅球冠军。金牌对克里格尔来说意味着体育上的成功。不过，对海蒂最大的愿望，即成为一个男人，好在教练们并不知情。克里格尔说："我不能跟任何人说这件事。"

安德烈亚斯克里格尔现在已不太清楚，是什么时候海蒂克里格尔第一次想变成一个男人。那一定还在他是活跃的女运动员的时候，大概在他19岁或20岁时。自那以后，转换性别角色的愿望不断增长，并逐渐变得越来越强烈。

这种不可抑制的愿望首先是德国体育制度的后果。为了国家更大的"荣誉"，它不惜一切代价。在《国家计划课题14.25》中，提交了一项违反自然的研究项目："如何在赛前非法使用兴奋剂。"

没有什么项目像在铅球铁饼和链球中那样大量使用兴奋剂。在1981年莱比锡的一次研究会上体育科学家洛塔尔辛茨说："在投掷和推举项目中组成代谢性类固醇是最为有效的辅助药物。"

海蒂克里格尔，一份文件中详细描绘了克里格尔在1982—1984年的恐怖之旅。海蒂克里格尔17岁时作为最小的成员被吸收进了组成代谢项目，她的密码是"运动员54号"。

有些专家认为这个时间过早。连赞成使用兴奋剂的洛塔尔辛茨在欧洲锦标赛一月前还在斯图加特批评说，在"运动员54号"身上过早使用组成代谢性类固醇没有理由。"因为起点成绩水平明显低于推荐指标值"。换句话说，海蒂克里格尔不够世界的标准。

但教练卢茨·屈尔的护理班子却证明，尽管成绩指标低，人们还是能创造出胜利者。克里格尔说："我从医生和教练那里得到大量药物。然后他们说：'海蒂，这对你有好处。你会取得更大的成绩的。'我从来没问过那是什么东西。这样的问题人们根本就不问。"

海蒂克里格尔系统地大量用药。她17岁时第一次服用德国生产的组成代谢性口服药剂。如果说她在1982年还只是吞下885毫克肌肉助长剂的话，那么在一年以后，她的药量就已经超过原来的2倍，而在1984年奥运会就几乎是原来的3倍了。有时海蒂也补注射。在内部的激素一览表中这个年轻的柏林人占了一个靠前的位置。克里格尔现在认为，长期的激素轰炸"决定性地影响了我成为一个男人的愿望"。

首先在田径上，女运动员的形象一再遭受非议，像俄国铅球女运动员塔玛拉·谱艾斯或捷克斯洛伐克中长跑运动员娅米拉·克拉托赫维洛娃。这些东欧的女冠军们是半阴阳人，于是人们猜测，她们是用激素培养的并因此获最好的成绩。这些指责从来都不能得到澄清。

海蒂·克里格尔事件，政府和联合犯罪行为中央调查组，开始立案调查。这是对德国游泳运动中使用兴奋剂进行法律清理后第二起大的复杂案件，涉嫌田径界被告200多人。克里格尔从前的教练卢茨·屈尔也受到了调查。这个教练目前效力于DLA并训练标枪女运动员坦娅·达马斯克，她在去年夏天举行的雅典世界田径锦标赛中获得铜牌。海德堡使用兴奋剂的批评者维尔纳·弗兰克早就指责：在DLA中继续雇佣民主德国教练，那些人完全相信化学药品的力量。

与屈尔相反，克里格尔在统一后坠入了深渊。她的身体状况跟一个60岁的人一样。她的所有骨头都疼，而成绩再也上不去了。而后来这个已毫无成就的女运动员又处在一种精神的困惑中：她现在是男人还是女人？渐渐地，克里格尔一周两次到一个女心理学家那里去，直到1992年她在柏林达雷姆的一家诊所摘除了乳房。从那以后，她开始奔走于各个部门办手续。1995年事情终于办成了新证件是用"安德烈亚斯"的名字

丰富多彩的体育风尚

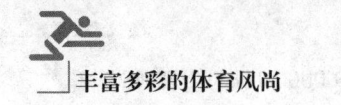

签发的。

现在，安德烈亚斯是一家柏林动物园的工作人员，他还一直在用男性激素治疗，但心理上的问题一直存在。

首先是他周围的人的惊愕使安德烈亚斯很苦恼。直到不久前，他不敢向母亲透露他的事。他根本不能同继父谈他的问题：继父对这种事无法理解。

"54号运动员"还是未成年的海蒂时被不负责任的教练和医生注射了激素，现在必须作为男人的安德烈亚斯，艰难地带着晚期后果学会生活。对自己的恐惧和沮丧一再地压倒他。有时他甚至想自杀。

巾帼不让须眉

女子体育运动的崛起，并非任何人的恩赐，而是她们多年的努力和进步，得到国际体坛应有的承认，是多少代人艰苦抗争的结果。近年来，英美两国兴起女子拳击，就是突出一例。拳击运动虽是一项古代的运动，但从古奥会起，一直是男人们世袭的领地。它被称为"纯男子艺术"，那些偏爱阴柔之美，缺乏阳刚之气的人，与此项无缘。但是近年来，一些敢为天下先的女士，积极倡导、参与训练并参加比赛，并获得了良好的效益。于是英国拳击协会打破117年传统，第一次允许妇女进行拳击比赛。在美国妇女以自己拳头力量，打破了一个严格禁忌："拳击有损于女子形象。"

在妇女走上拳击竞技舞台的抗争中，约瑟芬·艾伯克罗碧和克里斯汀·萨尔特斯两位女士就是其中突出代表：艾伯克罗碧，大家简称为艾女士，1984年已年迈花甲。1946年大学毕业。她从父母继承来的石油天然气以及不动产资产总计可达9位数字。她5次结婚又5次离异，是一位传奇般的美国女性。

有一次，她看了一场龙争虎斗，结识了一个个拳坛明星，她对拳击的感情愈来愈深。她完完全全被迷住了，可当她把自己投身拳坛的抱负告诉家人和朋友时，却没看见一张好脸，她的孩子们反对，一位朋友则惊呼："约瑟芬，你疯了！"艾女士丝毫不为所动，并开始精心谋划，建体育馆，组织比赛，然而拳坛的门槛不是那么好跨的，艾女士一迈步就差点栽跟头。一开始就倒霉，几乎赔了150万。但她不灰心。在过去的60年中，她曾在山岭中操杖滑行，在赛场上纵马驰骋；她的婚姻有悲欢离合，她人生的路途坎坷不平。现在她渴求是那种使人惊心动魄，忘乎所以的夜晚。她说："我喜欢拳击手，喜欢竞争，喜欢热天穿皮大衣、穿紫袍子、戴大金首饰等拳坛的一切怪癖和嗜好。我爱这一切，它们太可爱了！"

另一位是克里斯汀女士，她已是美国赫赫有名的女拳击手。在拉斯维加斯的一场比赛中，少说有110万人一睹其风采。在6局比赛中，她的出拳极为准确。她多次将对方击倒在地。在这场出尽风头的比赛中，她带给观众的是一种激动人心和销魂的效果。

克里斯汀曾经是西弗吉亚协和学院一名出色篮球选手。1987年，她还是一年级学生时，在朋友的鼓励下参加一次当地女力士比赛，她以运动员特有的体质和心理素质一举击败了3个对手并获1000美元奖金，后两年里，她场场比赛得手。后来竟与美国拳击经营家唐·金签订了四年合同。把克里斯汀作为职业选手推向观众确实开始碰到许多困难。有人一听说女子拳击就嗤之以鼻，经常比赛得不到一分钱报酬。但经过一段时间后，人们惊异的发现克里斯汀拳击具有独特魅力。正像她自己说的那样："开局人是我，而收局人是泰森。"

拳击圈内人士比圈外人士更支持克里斯汀。现年85岁的乔尼·托格，观看她在拉斯维加斯的比赛也不得不竖起拇指称赞克里斯汀的勇气和力量。

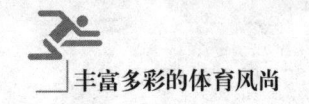

"如果你知道成为一名优秀拳击手的难度，你就会对克里斯汀的水平和毅力留下深刻印象。"

泰森在与布鲁诺比赛中赢得3000万美元，而克里斯汀只获得15000美元，尽管这已经比过去比赛所得多50%，但她在6年内仍收入10万美元。女子拳击，虽然在美国仍有不少人反对拳击这一野蛮的运动方式，但女子拳击也许会变得越来越受欢迎。如今已被愈来愈多的女性所染指，就连美国著名的《国际拳击文摘》杂志也在1998年末评出当今世界20名最佳女拳手。可见女子拳击的影响力和媒体重视程度。女子拳击呈现势不可阻挡之势。

在现代众多的摩托车比赛项目中，越野赛是一种技、智、勇结合更能显示选手全面实力的比赛。越野赛分团体和个人赛。个人赛以"世界个人冠军赛"影响最大。它的竞赛时间长，从每年的4月中旬一直赛到8月下旬，而且规模大、范围广，要分别在几个国家中进行，每次赛两场，每场要在每圈1—1.5公里长的里程上跑12圈，并要在40分钟内跑完。路经常选择在崎岖山路、坑凹、起伏、泥泞的地方。全年共赛24场，累计分数最高者为当年的世界冠军。每两场比赛的间隔大约是两周，最热的夏天也只间隔三周。因此对参赛者无论身体素质、对气候的适应能力、技术战术、心理和车辆性能等各方面要求都很高。

乒坛女神

从1988年10月邓亚萍入选国家队算起直到1998年止，她在国内外重大乒乓球比赛中荣登冠军称号，位居世界排名第一达4年之久。1990年北京亚运会她得到了团体、单打、双打三块金牌，1992年巴塞罗那奥运会，夺单打、双打两项冠军。1999年，港报评出世纪十大体坛巨人，邓亚萍是其中之一。对于一个条件并不优越的邓亚萍，取得这样大成绩，绝非偶然。她的成材给我们许多启示：

邓亚萍从小爱打乒乓球，5岁时开始学习打球，并且在她看完中国队员在国际大赛夺魁的电视后发誓：长大也要当世界冠军，让我们的国旗一面面升起。13岁时开始参加全国锦标赛。当时她身材矮小敦实，身高1.50米，条件并不理想。但是她却有一股刻苦训练和临场不慌的心理素质。她说："未来不是梦，要想当冠军，必须认真地过每一分钟。"

进入国家队后，小邓几乎每天要比别人多练40分钟。当伙伴们全休息时，她又拖着疲惫的身体返回训练场，她付出比别人更多的代价。不仅为了弥补自身条件不足，更为了实现世界冠军的梦。每天多练40分钟，乍一听不多，但一年就是146000分钟，约243小时，如果以一天训练6小时为例，她一年比别人多训练至少40天，如果将星期天算在内，她比别人练的时间更多。年轻的姑娘，哪一个不想打扮得漂漂亮亮，去公园，去跳舞，可是邓亚萍却自觉地取消了这些娱乐活动。有一天教练查房，发现小邓在房间里电炉上正煮着方便面，教练员严厉地批评说："6点半刚吃过饭，怎么才9点就吃起夜宵了？今后不能这样。"实际上，小邓每天都这时候吃饭，因为她每天训练到7点多，回来后马上去治疗、放松、按摩，所以回

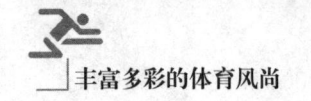

到宿舍总是9时多，只能泡两包方便面了。

小邓对自己要求十分严格，她的父母在河南省，但每次去河南参加活动，她都来去匆匆，连夜赶回，虽然又回到父母身边，但她都是偶尔回家坐坐，从不过夜。

小邓初次代表国家队参赛，是在1988年菲律宾的"亚洲杯"比赛上，冠军战在她和李惠芬之间进行。邓亚萍和奥运会女单亚军李惠芬打得难解难分，比分交替上升，极为接近，关键局的关键时刻，邓亚萍以22比21领先。李惠芬一记抽杀，轻轻擦边，但由于球速太快，裁判员没有看清，判邓亚萍得分，李惠芬提出异议，场外教练也不同意判定，但邓亚萍没说话，她默认了这个裁决。

比赛一结束，张教练就找她谈话，严厉地批评她说："想当冠军这是好事但要靠实力，不能靠侥幸。赢得要光明磊落。赢球，更要赢心。"邓亚萍真诚地接受批评，她十分内疚地向教练倾诉自己的想法："当时我太想赢球，因为我个子小，总怕人家看不起，我知道我错了。"

从那以后，邓亚萍不仅具有敢打敢拼的战斗作风，更具有高尚的体育道德。亚运会团体决赛时，邓亚萍在双打比赛中，裁判连续三次误判我方得分，邓亚萍都主动举手给予纠正，尽管比赛比输了，但球风受到一致称赞。

第40届世界乒乓球锦标赛女团决赛，中国队背着欲夺10连冠的沉重包袱，结果负于南、北朝鲜联队。遭受到巨大挫折后，邓亚萍没有消沉，两天后，她以百折不挠的精神，过关斩将，击败了所有对手，夺取了女单冠军，接受奥委会主席萨马兰奇的颁奖。还与乔红合作，获女双亚军。人们常说，运动员的心理素质极重要，要在比赛中领先不松劲，落后不气馁，关键时刻不手软，相持有信心。邓亚萍正是具有这样心理素质的杰出的运动员。

邓亚萍近年来所以能力挫群芳，保持冠军地位，其主要的比赛经验是什么？中国乒乓球队教练张燮林曾明确提出，邓亚萍的主要经验有两条，一是狠字当头，二是不断创新。体育运动是强烈对抗性冲突："两将相遇勇者胜"，面对对手决不手软，要敢拼、敢打，气势止先压倒对方。40年代的乒乓球的面带微笑，已被横眉冷对、咬牙切齿所取代。邓亚萍的战斗风格就是如此。她打起球来像个"小老虎"，有着无往而不胜的架势。在打法上即"狠、快、准、灵"，狠是灵魂，快是核心，准是基础，灵是生命。

邓亚萍刚进国家队时，她的基本打法是正手攻，反手切挡；正手以快速为主，反手以变化为主，形成了正手攻、反手防的基本技术结构。因而在比赛中，对方常常针对她反手进攻无力的弱点，以过度球压制她的反手，然后伺机进攻两大角，造成邓亚萍被动局面。

乒乓球运动的技艺贵在创新，只有创新才有出路。根据邓亚萍打法上的弱点，毅然推陈出新。在打法上改为"正手攻防结合，反手以变化结合主动进攻"，一改过去以防为主的打法。原来反手弱项竟变成了强项，使邓亚萍在诸多重大比赛中取得好成绩。1992年巴塞罗那奥运会，邓亚萍夺得女单和女双两项冠军，成为"双料冠军"。

女单小组赛后的抽签一点也不理想，几乎可以说是上帝跟中国队员作对。邓亚萍的对手是欧洲冠军巴托尔菲，小邓自参加大赛以来几乎所向披靡，但也有一个令她发怵的人物，那就是巴托尔菲。

俗话说：人争一口气，谁能争着那口气，谁就能活得长久，反之只有死亡。邓亚萍就是有这种逼人气势。在同巴托尔菲对阵中，外国球员惊得目瞪口呆，他们被邓亚萍的狠劲和拼劲所征服，连连惊呼："邓亚萍打疯啦！"凭着这股"疯"劲，邓亚萍顺利过关，最后夺得单打冠军。接着女双半决赛中，邓亚萍与乔红打败了夺标呼声最高的韩国"金双打"玄静和、洪次玉。8月3日决赛成了中国选手向世人展示技艺的表演，与1991年世界锦标赛一样，所不同的只是结果——这次的胜利者是邓亚萍和乔红，而不是高军和陈子荷。

法国政治家、军事家拿破仑说过一句名言："世界上有两种力量：利剑和精神，从长远来说精神总能征服利剑。"邓亚萍在奥运会上成功之处是：找到一种征服利剑的精神——就是一股不服输的"气"。有了这口气就不会被暂时困难所吓倒，就会在失败中重铸力量，再铸利锋，以图东山再起。这也就是人们称赞的"亚萍精神"。

杨白冰同志在邓亚萍奥运会取胜凯旋后问她：你面对强大对手，怕不怕呀？邓亚萍斩钉截铁地回答："不怕！我背后有强大的祖国撑腰，有11亿人民支持，我什么都不怕。"

当记者问她："请你谈谈战胜对手的技术特点，好吗？"邓亚萍答道："大概你们听说，1991年，萨马兰奇主席邀请我访问洛桑奥运会总部，人们都说我是高举球拍在我脑袋上方打球，这不能不说是真实情况，人个子矮，才1.50米，我想个子矮就应有个子矮的打法，这就是靠近台进攻，决不给对方起板机会，主动抢先连续出击，决不会给对方以还手之力。"

有记者替邓亚萍做结论："这么说，这是你克敌制胜的法宝了。"

邓亚萍说："不能说就是法宝。我认为每个运动员应该有自己的技术特点和独特风格。"

是的，邓亚萍上述几段话，正是她对"亚萍精神"的注释。

"亚萍精神"实为对各行各业有指导意义。杨白冰说过："邓亚萍在比赛中，打出了中国人志气，打出中国人威风，我们全军都要学习她。"有篇文章这样写道：旌旗升起，国歌奏响，萨翁履诺亲授奖，欢呼声回荡沸扬……汗水和着泪花淌，喜悦随着幸福，感慨伴着遐想……冬练三九，夏练三伏，日复一日，年复一年，心愿驻球场。汗水终有情，功力日渐长。巴城试真假，技艺盖群芳。黄灿灿的小球穿梭来往，震撼巴塞罗那，联结着五洲三大洋，而今，新目标又在招手"亚萍精神"发扬光大。